JN058031

昭和の
映画絵看板

看板絵師たちのアートワーク

監修 岡田秀則　企画 貴田奈津子

目次

いま、映画絵看板に向き合うこと

　かつて、映画館や劇場街、駅前広場を華やかに飾った手描きの映画絵看板がどこの都市にもあった。現在もごく少数の絵師たちが仕事を続け、その伝統を支えているが、いまや各地の街の景色を見るかぎり、残念ながらその役割はほぼ終わりに近づいている。もはやノスタルジーの領域に入ってしまったと言うべきかも知れない。

　しかも、かつて映画があまりに日常的なものであったためか、誰もが目にしていたのに、全盛期にあっても看板自体に注目する人は少なかったのではないか。確かに映画の看板は、町の人々が何げなく撮った写真の隅に映り込んでいることは多い。だが、往年の看板を、単にそれとして正当に遇した記録はほとんど見たことがない。

　ところが奇跡的なことに、大阪ミナミの劇場街にかかる看板を主に手がけていた工房「不二工芸」は、自社の制作した看板を丁寧に写真に記録していたのだ。まさに得がたい資料だが、それらの姿はあまりにも壮麗で、人の気分を沸き立たせる何かがあり、単に資料と呼ぶのがはばかられる。ここには、街ゆく人たちの視線を集めるために注ぎ込まれた、壮大かつ繊細な技芸の集積がある。

　本書は、それら技芸がもたらした成果を一つひとつの作品と見なし、臆することなく私たちの文化遺産であると見なす。それらは「かつて映画とはこのようなものであった」という証言であるばかりか、これからの映画と私たちのコミュニケーションを考えるための知的な火花にもなるはずである。この火花の輝きが、本書を通じて多くの方々に共有されることを望んでいる。

岡田秀則

戦後昭和の主な出来事と映画絵看板

昭和33（1958）年に映画観客人口が過去最大の11億2700万人となり、その2年後には公開作品数と映画館数がピークを記録。本書掲載の絵看板も映画全盛期である昭和30年代のものが多い。その前後、終戦から昭和が終わるまで、どのような絵看板が描かれたのか。世の中の主な出来事と日本映画史とともに、その一部を紹介する。

| 1945
（昭和20年） | 太平洋戦争終戦
映画製作が占領軍の指導下に置かれ、
「十三カ条の映画製作禁止事項」（俗にいうチャンバラ禁止令）が出される |

| 1946
（昭和21年） | 日本国憲法公布
占領体制におけるアメリカ映画配給機関CMPEが設立される
日本初のロードショー劇場「丸の内スバル座」がオープン |

| 1947
（昭和22年） | 日本国憲法施行
戦犯追及により映画人が公職追放
東宝からの脱退者を中心に
新東宝が結成される |

大阪スバル座オープン。
開場1作目の上映作品は
『心の旅路』*(p12)*

| 1948
（昭和23年） | 帝銀事件
戦後最大の労働争議「第3次東宝争議」が
起こり、占領軍に鎮圧される |

『我等の生涯の最良の年』*(p15)*
が、丸の内スバル座で17週、大
阪スバル座（右写真）で11週ロ
ングラン上映を記録

| 1949
（昭和24年） | 湯川秀樹、日本人初のノーベル賞受賞（物理学賞）
映画倫理規程管理委員会（映倫、現・映画倫理機構）が発足 |

1950 (昭和25年)	1000円札が発行される 独立プロダクションの動きが活性化 外国映画輸入を統制する「一国一社制度」 廃止、輸入クォータ制へ移行	
	『ジャンヌ・ダーク』(p19) が国内洋画配給収入3位	

1951 (昭和26年)	サンフランシスコ平和条約締結 松竹が初の国産長編カラー作品、 『カルメン故郷に帰る』を公開 東映が設立される 『羅生門』がヴェネチア国際映画祭で 金獅子賞を受賞	
	『白昼の決闘』(p22) が 国内洋画配給収入1位	

1952 (昭和27年)	手塚治虫の漫画『鉄腕アトム』が 連載スタート 溝口健二『西鶴一代女』など、 以降日本映画の国際映画祭受賞相次ぐ	
	『硫黄島の砂』(p30) が 国内洋画配給収入2位	

1953 (昭和28年)	テレビの本放送が始まる 東宝・松竹・大映・東映・新東宝で 五社協定が締結される	
	『地上最大のショウ』(p64)、アカ デミー作品賞を含む2部門受賞。 日本国内洋画配給収入1位	

1954 （昭和29年）	神武景気 ヘプバーンスタイルが流行 マリリン・モンローが初来日 日活が製作を再開、六社体制となる	
	『ローマの休日』(p100) が 国内洋画配給収入1位	
1955 （昭和30年）	羽田空港ターミナルが開館 1円硬貨、50円硬貨発行	
	『エデンの東』(p114) 公開。 初主演のジェームス・ディ ーンが一躍スターに	
1956 （昭和31年）	ヒマラヤの高峰・マナスル、 日本隊が初登頂に成功 「太陽族映画」の流行が社会問題化 東映動画（現・東映アニメーション） 設立	
	『標高8125メートル マナス ルに立つ』(p121, p124) 公開。 写真は街頭宣伝車	
1958 （昭和33年）	東京タワー完成 長嶋茂雄がプロ野球デビュー フラフープ大流行 映画観客人口が11億2700万人となり ピークに	
	『十戒』(p134) が国内 洋画配給収入1位	
1959 （昭和34年）	明仁皇太子ご成婚 カミナリ族が社会問題化 伊勢湾台風	
	『リオ・ブラボー』(p164) が国内洋画配給収入1位	

| 1960
(昭和35年) | ダッコちゃんブーム
映画公開本数（547本）、
映画館数（7457館）のピークを記録する |  |
| | 『ベン・ハー』(p187) がアカデミー
作品賞、監督賞ほか11部門受賞。
日本国内洋画配給収入1位 | |

| 1961
(昭和36年) | 大鵬、最年少で横綱昇進
NHK朝の連続テレビ小説が放送開始
日本初の70mm映画『釈迦』公開
新東宝が映画製作を停止 |  |
| | 『荒野の七人』(p222) が
国内洋画配給収入1位 | |

| 1962
(昭和37年) | 美空ひばりと小林旭が結婚
日本アート・シアター・ギルド
（ATG）活動開始
外国映画輸入配給協会が設立される |  |
| | 東宝創立30周年記念作品『キン
グコング対ゴジラ』(p246) 公開 | |

| 1964
(昭和39年) | 東京オリンピック開催
東海道新幹線開業
王貞治が年間55本の本塁打で
日本記録を達成 |  |
| | 『マイ・フェア・レディ』(p262) が国内
洋画配給収入2位。翌年、アカデミー
作品賞、監督賞ほか8部門受賞 | |

| 1965
(昭和40年) | いざなぎ景気
国鉄が「みどりの窓口」開設
記録映画『東京オリンピック』が
空前の観客動員を記録 |  |
| | 『東京オリンピック』(p274) 公開 | |

1966 （昭和41年）	日本の総人口が１億人突破 ビートルズ来日 政府による輸出映画製作への融資が始まる

『メリー・ポピンズ』*(p278)* が国内洋
画配給収入2位。主演のジュリー・
アンドリュースがゴールデングロー
ブ賞（最優秀主演女優賞）受賞

1967 （昭和42年）	ツイッギー来日、ミニスカートブーム到来 東映が「東映まんがまつり」を開始
1968 （昭和43年）	三億円事件 キューブリックの傑作SF映画『2001年宇宙の旅』公開、 文部省が「特選」に指定
1969 （昭和44年）	東大安田講堂事件 アポロ11号月面着陸 映画観客人口が3億人を割る

『if もしも....』*(p313)* が
第22回カンヌ国際映画
祭グランプリ受賞

1970 （昭和45年）	大阪万博開催 よど号ハイジャック事件 不振の日活と大映が共同で ダイニチ映配を設立

アメリカン・ニューシネマの
代表作『イージー・ライダー』
(p318) が公開

1971 （昭和46年）	ボウリングブーム 大映が倒産する ／ 日活がロマンポルノ製作へ転向する
1972 （昭和47年）	パンダ初来日 日活ロマンポルノ作品が猥褻であるとして関係者が起訴される
1973 （昭和48年）	第1次オイルショック 東宝が大作路線に切り替え、『日本沈没』が大ヒット

1974 （昭和49年）	長嶋茂雄が現役引退 大映が徳間書店傘下で大映映画として再建される

1975 （昭和50年）	大関・貴ノ花が初優勝 田部井淳子、女性初のエベレスト登頂 外国映画の興行収入が初めて 日本映画を上回る	

『花の高2トリオ 初恋時代』*(p328)*
が国内邦画配給収入4位

1976 （昭和51年）	「およげ！ たいやきくん」大ヒット ロッキード事件 角川書店が『犬神家の一族』で 映画製作に乗り出す	

『男はつらいよ 寅次郎夕焼け小焼け』
(p332) が国内邦画配給収入4位

1977 （昭和52年）	王貞治が756号本塁打で世界新記録 日本映画の一本立て公開が主流となる

1978 （昭和53年）	キャンディーズ解散 成田国際空港が開港 ディスコブーム 第1回日本アカデミー賞が開催される	

『スター・ウォーズ』*(p334)* が
国内洋画配給収入1位

1979 （昭和54年）	インベーダーゲームが大流行 日活がにっかつと社名を変更

1980 （昭和55年）	ルービックキューブが大流行 自社製作映画を移動劇場で上映するシネマ・プラセット、 『ツィゴイネルワイゼン』公開

1981 （昭和56年）	「なめ猫」がブームに 東京有楽町の日本劇場が閉館する ミニシアター・ブームの先駆けとなるシネマスクエアとうきゅうなどが開館

1982 （昭和57年）	9人の新進監督によるディレクターズ・カンパニー設立（1992年に解散）
1983 （昭和58年）	「おしん」ブーム 東京ディズニーランド開園 今村昌平『楢山節考』がカンヌ国際映画祭でパルムドールを受賞 『E.T.』が史上最高の配給収入を記録
1984 （昭和59年）	グリコ・森永事件 東京の日比谷映画劇場が閉館
1985 （昭和60年）	バブル景気 つくば万博開催 第1回東京国際映画祭が開催される スタジオジブリ設立
1986 （昭和61年）	イギリスのダイアナ妃が初来日 この頃から1990年代初頭にかけてミニシアター・ブームの最盛期 レンタルビデオ店が急速に増加、ビデオ産業が成長する
1988 （昭和63年）	世界最長の青函トンネル開通 にっかつロマンポルノ路線が終了する
1989 （昭和64／ 平成元年）	美空ひばり52歳で逝去 独立した製作・配給・興行を旗印にしたアルゴ・プロジェクトが誕生 東映Vシネマがオリジナルビデオの分野を確立

＊配給収入の出典：『キネマ旬報ベスト・テン 85回全史 1924-2011』キネマ旬報社（2012年5月）

第1章　昭和20年代の映画絵看板

1947–1954

『心の旅路』 Random Harvest

スバル座
1947年公開
監督：マーヴィン・ルロイ
出演：ロナルド・コールマン
　　　グリア・ガースン

第一次世界大戦で戦傷を負い、さらに自動車事故を経て二度記憶を失う男と、彼を愛し、過去を思い出させようとする女性の物語。気高いヒロインの愛情の深さを熱演したガースンは、日本でも高い人気を得た。

『オーケストラの少女』 100 Men and a Girl

スバル座
1948年リバイバル上映
（日本初公開は1937年）
監督：ヘンリー・コスター
出演：ディアナ・ダービン

ディアナ・ダービン演じる少女が、失業演奏家を集め
て楽団を結成するというハリウッド音楽映画の名篇。
彼女の溌溂とした歌唱を得て世界的なヒットを記録、
日本でも多くの作曲家に強い印象を与えた。

『ターザンの黄金』 Tarzan's Secret Treasure

東宝敷島劇場
1948年公開
監督：リチャード・ソープ
出演：ジョニー・ワイズミュラー

オリンピック水泳選手だったワイズミュラー主演のターザン・シリーズ第5弾。アフリカで恋人ジェーン、ボーイと平穏に暮らすターザンは、探検隊を案内することになるが、そこには金鉱を狙う悪巧みがあった。

『我等の生涯の最良の年』 The Best Years of Our Lives

スバル座
1948年公開
監督：ウィリアム・ワイラー
出演：フレドリック・マーチ
　　　ダナ・アンドリュース
　　　マーナ・ロイ

第二次世界大戦から復員し、故郷の町に戻った３人の男とその家族が直面する厳しい現実、そして愛が描かれる。アカデミー賞９部門を受賞して、敗戦後まもない日本にも大きな感動をもたらした作品。

『凸凹海軍の巻』 In the Navy

東宝敷島劇場
1948年公開
監督：アーサー・ルービン
出演：バッド・アボット
　　　　ルー・コステロ

ヴォードヴィルやラジオで活躍してきたアボット＝コ
ステロの2人組が映画に出始めた初期の喜劇。失踪し
て海軍に入った人気歌手の男と彼を追う女性の新聞記
者を中心に、軍隊で数多の珍事が発生する。

『若草物語』 Little Women

スバル座　1949年公開
監督：マーヴィン・ルロイ
出演：ジューン・アリソン
　　　マーガレット・オブライエン
　　　エリザベス・テイラー
　　　ジャネット・リー

南北戦争に父親が従軍したマーチ家の四姉妹、それぞ
れの経験と成長を綴ったベストセラー小説の、四度目
の映画化。当時のスター女優の豪華キャストで、少女
時代のエリザベス・テイラーも三女エイミーを演じた。

『ジャンヌ・ダーク』 Joan of Arc

スバル座
1950年公開
監督：ヴィクター・フレミング
出演：イングリッド・バーグマン

神に導かれた少女ジャンヌは、イギリスとの闘いで祖
国を勝利に導くが、やがて魔女の汚名を着せられ、刑
に処される。主演のバーグマンが、舞台に続き映画で
ジャンヌを演じたが、興行的には失敗に終わった。

『雪夫人絵図』

東宝敷島劇場
1950年公開
監督：溝口健二
出演：木暮実千代、上原謙

舟橋聖一の原作小説を、新東宝では初めて監督する溝口健二が手掛けた。愛していない夫の暴力的支配から逃れない木暮の演じるヒロイン・雪夫人が、上原謙が演じた幼馴染との恋のなかで苦しみ抜く。

『黄色いリボン』 She Wore a Yellow Ribbon

東宝敷島劇場／敷島シネマ
1951年公開
監督：ジョン・フォード
出演：ジョン・ウェイン
（併映『白昼の決闘』）

辺境の砦を守り、退役を控えた大尉を演じるウェイン。最後に少佐夫人と姪を護衛し、駅馬車の出発地まで送り届ける任務を引き受ける。モニュメント・バレーでのロケが行われた騎兵隊三部作の一本。

『白昼の決闘』 Duel in the Sun

スバル座
1951年公開
監督：キング・ヴィダー
出演：グレゴリー・ペック
　　　ジョセフ・コットン
　　　ジェニファー・ジョーンズ

両親が死に、ある大牧場の家に預けられた混血の少女をジョーンズが演じ、ペックとコットンの兄弟が、彼女を奪い合う。男女の欲望がぶつかる背景で、西部開拓時代の終焉を告げる悲壮感も表現された。

『リオ・グランデの砦』 Rio Grande

千日前グランド劇場
1951年公開
監督：ジョン・フォード
出演：ジョン・ウェイン
（併映『戦場』）

南北戦争から十数年後、リオ・グランデ河のほとりの砦で戦闘していたウェイン演じる中佐のもとへ、ある日息子が兵士として配属され、離れて暮らしていた妻まで追いかけてくる。騎兵隊三部作を締めくくる大ヒット作。

『ショウ・ボート』 Show Boat

スバル座
1952年公開
監督：ジョージ・シドニー
出演：キャスリン・グレイソン
　　　エヴァ・ガードナー
　　　ハワード・キール

ブロードウェイでヒット後、繰り返し映画化されたミュージカル。ミシシッピ川を移動しながら、華やかなショーを披露する船で男女の人生が交錯する。「オールマン・リヴァー」など現在も歌い継がれる名曲でも知られる。

『シンデレラ姫』 Cinderella

スバル座
1952年公開
監督：ウィルフレッド・ジャクソン
出演：アイリーン・ウッズ（声）

ディズニーが長年構想を練ってきた長編アニメーション。『ピノキオ』や『バンビ』の興行的失敗を経て、本作がようやく大ヒットを記録、劇中歌の「ビビディ・バビディ・ブー」もアカデミー歌曲賞にノミネートされた。写真内のシンデレラのドレスに「明治バターキャラメル」の箱が付いているのは、明治製菓とのタイアップ上映だったため。初日500名先着で1箱20円のキャラメル空き箱5個と引き換えに入場券がもらえた。

『旅愁』 September Affair

スバル座

1952年公開

監督：ウィリアム・ディターレ

出演：ジョセフ・コットン

　　　ジョーン・フォンテイン

旅客機で出会い、惹かれ合った男女。ナポリで乗り遅れた飛行機が事故に遭い、死亡者リストに加えられたことから、新たな人生を歩もうとする。ヒッチコック映画でも輝きを放ったフォンテインがヒロインを演じた。

『欲望という名の電車』 A Streetcar Named Desire

スバル座
1952年公開
監督：エリア・カザン
出演：ヴィヴィアン・リー
　　　　マーロン・ブランド

テネシー・ウィリアムズの戯曲をブロードウェイでも
演出したカザンの監督で映画化。ヴィヴィアン・リー
演じる女性が隠してきた過去を暴かれ、破滅に導かれ
る内容が衝撃をもって受けとめられた。ブランドの映
画デビュー作。

『激情の断崖』 Lorna Doone

スバル座
1952年公開
監督：フィル・カールソン
出演：リチャード・グリーン
　　　　バーバラ・ヘイル

イギリスの古典小説が原作。土地を支配する豪族ドゥーン一家に父を殺された少年。成長して兵役から故郷の村に戻った彼が、因縁あるドゥーンの息子から、村と愛する女性を救うため闘う。

『禿鷹は飛ばず』 Where No Vultures Fly

スバル座
1952年公開
監督：ハリー・ワット
出演：アンソニー・スティール
　　　ダイナ・シェリダン

東アフリカで保護されるべき野生動物を守る主人公と
写真家を装う象牙密売人の戦いが描かれる。現地ロケ
によって、実際のゾウの大群やキリン、ライオン、サ
イなどを記録、迫力ある場面が撮影された。

『硫黄島の砂』 Sands of Iwo Jima

スバル座
1952年公開
監督：アラン・ドワン
出演：ジョン・ウェイン

太平洋戦争で激戦が繰り広げられた硫黄島で、ウェイン演じる主人公の軍曹率いる部隊が、摺鉢山の山頂に星条旗をかかげるまでが描かれる。実際の戦場で旗を立てた兵士たちも映画に出演した。

『陽のあたる場所』 A Place in the Sun

スバル座
1952年公開
監督：ジョージ・スティーヴンス
出演：モンゴメリー・クリフト
　　　エリザベス・テイラー
　　　シェリー・ウィンタース

貧しい家庭で育ち、富と名声を望んだ青年は、社交界の花形と恋に落ち、やがて破滅への道をたどる。実際の事件をモデルにした小説『アメリカの悲劇』が原作であり、アカデミー賞で6部門を受賞。

『征服への道』 Captain from Castile

スバル座
1952年公開
監督：ヘンリー・キング
出演：タイロン・パワー
　　　　ジーン・ピータース

16世紀のスペインで、権力者の奴隷を逃して怒りをかった貴族の息子が、船でメキシコに渡り、豪傑騎士の部隊に加わって活躍していく。人気スターだったタイロン・パワーが主人公を演じる大冒険活劇。

『肉体の悪魔』 Le Diable au Corps

スバル座
1952年公開
監督：クロード・オータン＝ララ
出演：ミシュリーヌ・プレール
　　　ジェラール・フィリップ

夭折の天才といわれたレイモン・ラディゲの小説の映画化であり、フィリップの人気を一挙に高めた作品。第一次大戦期のパリ、17歳の青年と臨時病院の看護師で出征中の婚約者がいる女性が愛に目覚めていく。

『セールスマンの死』 Death of a Salesman

スバル座
1952年公開
監督：ラズロ・ベネディク
出演：フレドリック・マーチ

アーサー・ミラーの戯曲がブロードウェイで大ヒット後に映画化。過去の栄光にすがる老いたセールスマンをマーチが演じ、彼の妻、成長した2人の息子との間の葛藤を描きながら、現実と回想、夢が交錯する。

『別離』 Intermezzo

スバル座
1952年公開
監督：グレゴリー・ラトフ
出演：イングリッド・バーグマン
　　　レスリー・ハワード

スウェーデン時代のバーグマンが主演した恋愛映画『間奏曲』を、ハリウッドでリメイクした彼女のアメリカデビュー作。妻子ある世界的バイオリニストの求愛が、若い女性ピアニストの心を揺さぶる。

『ボー・ジェスト』 Beau Geste

スバル座
1952年公開
監督：ウィリアム・A・ウェルマン
出演：ゲイリー・クーパー
　　　レイ・ミランド
　　　ロバート・プレストン

『つばさ』などの名匠ウェルマンが、1939年に監督した映画が戦後日本で公開。孤児だったジェスト三兄弟が、宝石の行方をめぐって離ればなれになるが、アフリカの外国人部隊として戦場で再会する。

『超音ジェット機』 The Sound Barrier

スバル座
1953年公開
監督：デヴィッド・リーン
出演：ラルフ・リチャードソン
　　　アン・トッド

名匠リーンによる航空映画。音の壁を突破するジェット機開発のため、実験を繰り返す男たちの夢が、挫折と犠牲を払いながら、世代を超えて引き継がれる。撮影では、当時のイギリスの新鋭機が実際に飛び交った。

『世界を彼の腕に』 The World in His Arms

スバル座
1953年公開
監督：ラオール・ウォルシュ
出演：グレゴリー・ペック
　　　アン・ブライス

アラスカをロシアからアメリカが買収する時代を背景
にした娯楽アクション。ペックが演じた豪快な船長と、
望まない結婚から逃れたいロシア貴族の令嬢が恋に落
ちる。ユニヴァーサル創立40周年作品でもある。

『遠い太鼓』 Distant Drums

南街劇場
1953年公開
監督：ラオール・ウォルシュ
出演：ゲイリー・クーパー
　　　マリ・アルドン

19世紀前半のフロリダが舞台。クーパー演じる海軍大尉たちが、アメリカ・インディアンの砦で捕虜になっていた白人を解放、追撃と猛獣の襲来におびやかされながら沼地を進んでいく。

『キリマンジャロの雪』 The Snows of Kilimanjaro

スバル座
1953年公開
監督：ヘンリー・キング
出演：グレゴリー・ペック
　　　スーザン・ヘイワード
　　　エヴァ・ガードナー

ヘミングウェイの短編小説を映画化。キリマンジャロの麓で、ペック演じる小説家の男が瀕死状態にある。ヘイワードが演じる妻の看護を受けながら、彼はかつて世界各地で出会った恋人たちとのロマンスを回想していく。

『フォーサイト家の女』 That Forsyte Woman

スバル座

1953年公開

監督：コンプトン・ベネット

出演：グリア・ガースン

　　　エロール・フリン

　　　ウォルター・ピジョン

名家フォーサイトの人々と、その家に嫁いだガースン演じる女性との間で、愛憎入り混じる人間模様が生じていく。原作はイギリスのジョン・ゴールズワージーによる大河小説で、その一篇が映画化された。

『パラダイン夫人の恋』 The Paradine Case

スバル座
1953年公開
監督：アルフレッド・ヒッチコック
出演：グレゴリー・ペック
　　　　アリダ・ヴァリ、アン・トッド

『白い恐怖』『汚名』に続きヒッチコックが手がけた法廷劇。夫殺しの疑いをかけられたパラダイン夫人を『第三の男』などで知られたアリダ・ヴァリが、その美貌に惹かれて無罪を信じる弁護人をペックが演じた。

Interview　元映画看板絵師たちの記憶（1）

10代後半から仕事をともにしてきた、元看板絵師の松原成光氏、伊藤晴康氏、岸本吉弘氏、貴田明良氏。仕事仲間の、尽きない思い出の数々。制作を離れてから半世紀以上経っているとは思えない驚異的な記憶力で、映画看板作りの日々について語っていただいた。

左から岸本吉弘氏、松原成光氏、伊藤晴康氏、貴田明良氏（難波千日前公園にて／撮影　貴田奈津子）

みんな絵が好きやから入ってきた

——看板絵師になったきっかけを教えていただけますか？

松原：中学生のときから絵が好きで、絵画クラブに入っていました。はじめに就職したのが、芝居小屋のための文字専門の看板工房だったんで、すぐに変わりたいと思いまして。

　仕事でしょっちゅう千日前（大阪市中央区）を歩くでしょ、いい映画看板が上がってるんですよ。それが大平隆史さんの工房ということがわかり、行ったんです、弟子にしてくださいと。でもそこはすでに人が足りていたので、不二工芸に連れて行ってもらって。「うちに来よったんやけど、どないや？」ちゅうたら、社長の（貴田）不二夫先生が「明日からおいで」と言うてくれはった。だから15歳で中学卒業したけれども、不二工芸にはその秋の昭和25年9月に就職しました。

伊藤：僕はもっと不純で、高校中退で難波に遊びに行きたかったし、映画もタダで観られるから（笑）。もともと手塚治虫のファンで、友達の似顔絵描いて上手いなぁとは言われてたけど。

昭和29年に、たまたま難波の髙島屋で夕刊を買ったら、不二工芸社の社員募集が出てたんですよ。ここならタダで歩いていける、それだけのことです。そしたら社長がびっくりして「いま広告出したとこやのに、お前もう来たんか」と言わはって。他にも5、6人来てたけど「お前が一番先に来たから入れたるわ」と。

　不二工芸って、道頓堀や千日前にある一流劇場の看板を描いてたじゃないですか。そこで描けたら幸せやなぁって。僕らが入った頃は映画の全盛期やったから、そういう夢があったんですよね。ここで描けるようになりたいという。

岸本：高校生のとき、美術の授業で、先生に何べんも褒められまして。そのときのうれしさは今も残ってます。もう21歳に近かった頃、絵の勉強しよ思て、天王寺の美術館地下の美術研究所に入りました。毎日、石膏デッサンですわ。4ヵ月やって嫌になってたとき、たまたまスバル座の看板見て「うまいこと描いたんなぁ、こんなん描きたいなぁ」思て、入り口で聞いて、すぐ不二工芸へ行きました。社長さんに写実の絵を持ってくるように言われてんけど、好きなゴッホのタッチを真似た荒々しい絵しかなかったんで、画集のドガの「手の習作」を油彩で模写して、翌日、石膏デッサンと一緒に持って行って、合格。「明日から来てくれるか」となって翌日、初出社。昭和43年5月、21歳でした。あのときのスバル座の看板、きれいな女性の顔でしたわ。あれが男の顔やったら素通りしてたと思うと、運命の出会いを感じます。

貴田：親父がやってたから、仕事の様子を見てはいたけど、特に美術の勉強はしなかったな。小学校の時分、親父が出征する以前から、時々遊びにというか、仕事場を見てましたわ。独特のペンキの匂いがね、すごかったのが記憶に残ってます。中学、高校のときは美術部で、絵を褒められて学校の入り口あたりに飾ってもらったことがあった程度です。松原くんとは同い年やけど、高卒で始めたから後輩になるな。

伊藤：みんな絵が好きやから入ってきますけど、全員が描かせてもらえるわけではなく、絵描きと文字書き、切り抜きや設営の大工仕事と、担当が振り分けられましたね。僕の後にもう1人入ってきたときには「2人もいらんからお前は字書きになれ」て、そんだけのことですよ。

松原：初任給は、はじめ2000円でした。

伊藤：いいですやんか、僕ら最初入ったとき「給料くれ」言うたら、「月謝払え」言われた、不二夫先生に。冗談やけどね（笑）。

絵の具も手作り

——絵描きや文字書き、大工仕事など、担当が分かれていたんですね。では実際、どのようにして絵看板を作られていたのですか？

松原：映画館の外壁には、常設のフレームが何カ所か固定してあって、その大きさに合わせた看板を作るんです。形も大きさも館によって違うので、同じ寸法の看板はありません。

　絵の具も自分たちで作ったんです。雨雪の当たるところの看板には、粉の泥絵の具をボイル油で溶いた油性のペンキを、雨雪の当たらないところ、つまり庇（ひさし）のある場所にかける看板には、同じ泥絵の具をニカワで溶いた水性の絵の具を使います。

伊藤：先輩の仕事を見て、なんでも自分で覚えなあきませんでした。入社早々困ったのは、色の名前がわからない。僕らが入った頃ね、赤青黄とかそんなふうに言わなかったんですよ、看板では。「アンバー」「シンバシ」「タン」（＊）。聞き直したら怒られるから、必死で1回で覚えました。「ちょっとシンバシ塗っといてくれ」とか、「そこをアンバーにせえ」とか、口で言われるもんやから。そんなん知ってる人少ないでしょ。

下地の白ペンキを塗って準備をしているところ。写真は大工仕事や下地を担当していた大河内明良氏

泥絵の具とニカワを混ぜるのが、本当に大変で。"味噌すり坊主"みたいなことを長い間やりました（P76参照）。近くの道具屋筋で買ってきたすり鉢とすりこぎを使って混ぜるんです。「ニカワを入れすぎや、これじゃ足らん」とか言われ続けて1年か2年経ってからですかね、「これやで、覚えときや、この感覚で」と先輩に言われたことありますわ。ニカワが多すぎると、はじいてしまって重ね塗りができないんです。後年、アクリル塗料ができて、やっと解放されました。

松原：泥絵の具ちゅうのは、色によって粒子が違うんです。原材料が違うから、ダラダラするのもあるしザラメみたいな固形もある。粒子の粗いやつはまず潰して、それからですよ、練るのは。黒はほとんど使わなかった。黒を混ぜるとね、濁るんです、色が。でも、ええ手があるんですよ。赤とね、群青と、藍と、これ混ぜれば黒に近くなる。

伊藤：黒になるんですよ、あれ。黒の絵の具は本当に使わなかったですよね、ほとんど。

松原：ほら、証人がいてますやん！　まぁ、絵の具作りのもどかしさは、実際に描いてみて初めてわかるものです。

───他にも絵の具作りで大変なことはありましたか？

松原：夏はニカワが1日で腐ってしまいます。腐ったら、もう、臭い臭い！　溶いた泥絵の具を12色、それぞれ缶詰の空き缶やなんかに入れるんです。すると絵の具が腐ってきて、缶が錆びてボロボロになってしまう。底に穴が開いたりするから缶を交換しますけど、すくうときに縁についたサビが絵の具に混ざるんですよ。なんとも言えん色になって、そうなったらアウト。

貴田：それで、冬になると固まる。ストーブの上に載せて練らなあかんわけや。スルメみたいになっているのを溶かすわけ。

松原：色を混ぜるときは、加減を見て水を加えながら使います。絵描きは自分専用の練り棒を使って混ぜます。ニカワが多すぎると絵の具が伸びないし、少なかったら絵の具が筆にくっつかない。

岸本：僕が入社したときは、もうターナーの水性アクリル塗料「ネオカラー」が出てました。でも引き出しを開けたら、ニカワの棒や泥絵の具の粉とかが出てきて。赤色なんか、ごっつい綺麗でしたね。

＊アンバーはこげ茶色。シンバシは鮮やかな空色。新橋の花柳界で流行った色からきた名。タンは光明丹のことで、黄みを帯びた朱色

先輩のように泥絵の具を作ったことは一度もありません。油性は日東とオリエ
ンタルの種ペン（＊）が出てました。安物の油絵の具です。ボイル油とテレピン
油を混ぜるだけで簡単でした。後にターナーからも出ました。

松原：昭和33年にはアクリル絵の具が出てたから、ニカワで苦労したのは伊藤
くんが最後。

貴田：泥絵の具は、重ね塗りや修正がしやすかったなぁ。アクリル絵の具は一度
乾いたら絶対に直せへんけど、泥絵の具はきれいに伸びるし、うまいこと描ける。

　昔は油性のペンキも泥絵の具の粉を使ったけど、トタン板の上で泥絵の具とボ
イル油を練って作ったな。あれも時間かかってしんどかったんや。種ペンに替わ
る前のことやね。

松原：ペッタ、ペッタて、板の上でペンキを練ったはったん、よう覚えてるわ（笑）。

貴田：油性ペンキには「ドライヤー」という、ペンキに混ぜると速く乾かせる薬
剤があったんやけど、入れすぎると絵の具が茶色になってしまうから、あまり入
れられへんし、加減が難しかった。

――作った絵の具やペンキで、ベニヤ板に直接描くのでしょうか？

松原：油性ペンキの場合は、看板の骨組み（枠）に張ったキャンバスに描く。ベ
ニヤ板に直接描くこともありましたが、重くなるので、キャンバスの方が多かっ
たですね。上映が終わった夜に看板を引き上げてきたら、その上に白ペンキを塗
って乾いたら、下地の出来上がり（P77参照）。

　何度か使って重くなったら、新しいキャンバスに張り替える。そのときは、生
地の目を埋めるために、まずふのりもしくはお湯で溶いた寒天を塗るんです。

　ニカワで溶いた水性の泥絵の具の場合は、枠にベニヤ板張りで、その上に紙を
貼ったものに描く。引き上げてきた看板の上に、新しい白い紙を糊付けし、シワ
にならないように貼れば、下地の出来上がり（P76参照）。これも何回かで紙を
全部剥がします。つまり、描いた絵は一切残りません。映画館の宣伝部の人に「1
週間の芸術家」なんてからかわれたのが、今も胸がいたみます。

岸本：入社して3年間ぐらいは、皆より早く出社してました。まず仕事場をほう
きで掃く。白から黒まで10色ぐらい入るように仕切った手製の木箱に油性の種
ペンを入れてボイル油を混ぜ使いやすい状態にヘラで練ります。使って減った分
を毎日補充する。木の板にトタンを張った手製のパレットにこびり付いているペ

＊缶に入った固練りの油性絵の具。ボイル油は艶出し、テレピン油は薄め用

工房で暖をとる絵師たち。右から2人目の田中氏が泥絵の
具で山田五十鈴主演の『女ひとり大地を行く』を仕上げ中。
これは仕上げた後に紙を丸めて運び、現場で貼り直すタイプ。
絵のすぐ左には資料のポスターが見える。一番左は松原氏

ンキを、ヘラで削り取ってきれいにする。皆さんの使ってる筆やハケを灯油で洗
って新聞紙とウエスできれいに拭く。今では信じられへんけどゴム手袋など置い
てなくて、素手で洗ってた。それらを3、4人分準備して、それが終わった頃に、
絵描きさんや字書きさんが出社してきやはる。

　それから、看板の下塗り。工房には場所がないので、外に持ち出してやってた。
北の塀とか横の河原町公園（千日前公園）のフェンスに立てかけたりして。かな
りの枚数があって、2人がかりで下塗りするときもありました。

看板の出来を左右する「割付」

——看板を引き上げて下地を作り直したら、新たな看板の制作が始まりますね。

松原：映画館には宣伝部という別室があって、そこで、ポスターやスチール写真、文字（タイポグラフィ）の資料をいただくんです。宣伝部の人が、だいたいの配置を考えます。

　例えば看板の左にはこのスターを、右にはこの女優を、とか。背景の中央上には山を、とか。複数の写真から部分部分を抜き出して構成しはるんです。タイトル、スタッフ、惹句（キャッチコピー）、キャスト、製作会社の社名なども大体の位置を指示されます。

　次週封切りの予告看板の資料も一緒に預かって。なくしたら大変なので急いで社に戻って、不二夫先生に報告して原稿をお渡しする。先生が担当者を決めて、注意点を話される。

伊藤：ぼくも見習い時代には宣伝部に通いましたが、上映途中の映画があるとつい見入ってしまって、気がついたら1時間以上！　帰社してから、よく叱られてました（笑）。

　スチール写真では俳優が右向きなのに「左向きにして描け」という指定もよく

看板を描く貴田明良氏。写真左下にある木製の箱に使う分だけ油性ペンキを入れ、右下に見えるパレットの板の上で色を混ぜて使う。左手に持った資料を見ながら刷毛で描くのが基本

伊藤氏（右）と寺島照治氏（左）。常に
資料写真を左手に、水性泥絵の具を専用
の棒で混ぜながら刷毛で描く

あって、資料を鏡に写したりしましたね。刀があったらわかりやすいけど、上半
身だけのときとか、着物の合わせを間違ったこともありますわ。劇場の人は気が
付かはらへんかったけど（笑）。

松原：担当者は下地のできた看板に向かい、原稿の指示を見ながら、文字の入る
スペースも考えて、全体のバランスを測りながら割付をします。これは看板の出
来を左右する、大事な工程です。原稿の写真をよく見て、大きさ、位置を決めて
いきます。

　１メートル以上ある細長い竹竿の先に木炭を結びつけて描くんです。これで看
板と自分との間に距離ができ、全体が見やすくなるんです。木炭は柳の細い枝を
炭にしたもので、すごく柔らかくて、布で叩くとすぐに消えて、何度も線を描き
直すことができる。それで、だいたいの場所を決め込みます（P78参照）。

幻灯機を使った暗室でのデッサン

──宣伝部の指示を見ながら実際のキャンバスに配していく割付が重要なんですね。割付のあとは、どのような工程になりますか？

松原：今度は割付された看板をバラして暗室へ。看板を固定したら、木製の手作り幻灯機をスイッチオン。すると写真の像が拡大されて映る。割り付けされた線の大きさに合うまで、キャスターに載せた幻灯機を移動して位置を確認。筆に薄墨をつけ、輪郭（アウトライン）を正しく入れていく。ひとつの写真が終わったら、写真を変えて別の場面の輪郭をとっていく。その繰り返しで一面の看板のデッサンができるんです（P78参照）。

　暗室には窓ひとつなくて、幻灯機の高熱も加わって、特に6月から9月は劣悪な環境やった。いつも2人がかりで汗だくになって進めてました。当時はクーラーもなく、扇風機は埃が舞い上がるし。「任せとけ」ちゅうて、伊藤くんがようやってくれたなぁ。

伊藤：ひとつの看板が1枚のキャンバスの大きさで足りるわけないし、暗室も狭いし。いったん拡大の大きさが決まったら、絶対に幻灯機は動かさず、写真をずらしたりキャンバスを入れ替えて、部分ずつ、何度かにわけて輪郭をなぞっていくんです。そこでずれるなんてことをするのは論外で、きっちりやっておかないと。

　絵描きさんによって、好みがあるんですよね。鼻の細かいところやシワまで描き入れておいてくれいう人もいれば、ざっくりと輪郭だけあるほうが描きやすいという人もいて。

　黒いカーテンで仕切ってあった狭い部屋は、夏などは灼熱地獄でした。でも、これを任されれば少しは進歩したように感じましたね。

──輪郭をなぞるだけでも大変そうですね。そもそも幻灯機って、どんな道具なんでしょうか？

松原：幻灯機は、他の地方は知らんけど、大阪では津村英雄先生が発明しはって、ほとんどの看板描きが使ってたね。木箱に鏡板と電球が入っていて、写真や資料を載せると拡大して映し出せる。この道具のおかげで、俳優に似た絵がぐっと描きやすくなった。せやけど、映しながら絵を描くんとちゃいますよ。薄墨で輪郭

だけをとるんです。実際に描くときは、資料を左手に持って、右手に刷毛を持って、資料を見ながら描いていくわけです。塗り絵とはちゃいますよ。

『ジャンヌ・ダーク』の貴田不二夫氏による下書き（上）と、スバル座に上がった切り出し看板（左）。様々なパーツが立体的に貼り付けられ、凝った造作になっている

幻灯機を使うこともあるし、そうでない場合もありました。もともと幻灯機のなかった頃は、俳優のスチール写真に線を入れて拡大するしかなかったし。碁盤の目のように縦と横に線を入れて、キャンバスにも線を入れる。そうやって、掌にのるほどの小さな写真から、自分の身体よりも大きなキャンバスに拡大して描くんです。

伊藤：あの写真に線入れるやり方、間違いないと思いますけどね。幻灯機てやっぱりズレが出て修正していかなあかんから、それは幻灯機の限界ですよね。ちっさいこれくらい（4〜5センチほど）の写真やったら、1回幻灯機で映して拡大して描いてそれをまたやり直すんですよね。拡大の拡大。どんどん崩れていくじゃないですか。でももっと小さい写真の顔で、例えば10メートルの顔を描けみたいなことがあるんですよ。

岸本：僕が入社した頃は、木箱の幻灯機も使ったけど、金属製のガッチリした箱で、熱がこもらないようにファンが付いてるのを使ってたように思います。

その後、昭和54年頃やったかなぁ。東京のキサキ商事ちゅうとこのセールスマンが幻灯機の新製品を売り込みに来やはりました。「KISAKI 実物投影機」て書いてました。当時で35万ぐらいしたと思うけど先生買ってくれはりました。ボディーが鋳物で重たかったな。モーター馬力があってファンが大きかったから全然熱くなかったです。光源がハロゲンランプで明るうてビックリした。

原稿は上に置くタイプとちごて下にバネ付きの板があって透明ガラスとの間に挟む。鏡は上にあって上下左右に動かせるので、完璧に垂直水平が出せます。えらい進歩ですわ。暗室作業がえらい楽ちんになりました。

貴田：津村英雄先生の次男の茂さんが工夫して幻灯機を木製から金属製の箱に改良しはったっていうのも聞いたことあるわ。

チャンバラは刀を鋭く描く

——輪郭はあるものの、実際に描くときは小さな写真や資料を見ながら描くんですね。映画の種類によって描き方が変わったりするものでしょうか？

松原：色の使い方を変えて工夫します。喜劇だったら全体を明るく、濁った色は抑えて。喜劇役者たちは描きやすいので面白いです。黄、赤、青、パンパーンと描いといたらええんですよ。こんなんは顔が似てたらええんですよ。だけど文芸作品というのはね、看板にもそういう雰囲気作らなあかへん。川端康成の『雪国』

だとすると、雪国の暗〜と、こういう感じですよ。文芸作品らしく渋い色合いでね。ねずみでも色々ありますやん？　ねずみ色に何を加えてとか、そういうことですよ。

　サスペンスの場合は、光と影を強調して、表情も厳しく、でも黒は使わない方がいい。時代劇は紋付、袴、殿、お姫様、鎧、陣羽織など衣装を丁寧に描き、チャンバラでは刀を鋭く。配色が難しいので苦労します。

　私が入った頃は、洋画も邦画も99％モノクロ映画。そこにちょこちょこ総天然色が入ってきたんです。金髪だからってただ金色に塗ったらいいわけでもないし、青い目といっても、どんな青やらさっぱりわかりません。

——外国映画の色味は、何か参考にされたんですか？

松原：心斎橋の大丸の隣にそごうという百貨店があったでしょ。あそこは戦後GHQ（連合国軍総司令部）に接収されて、駐留軍用のデパート（PX）になっていたんです。その地下か1階に、アメリカ雑誌の古本を山に積んで売っていたところがあって。

　普通日本人は入れないんですけど、たしか松竹座からもらった紙きれを見せると入れてくれました。当時、松竹座の資材部が看板用の紙を配給していて、自転車で取りに通っていたんです。そういったときに入場できる紙をくれたのだと思います。

　それでPXへ通って、西部劇とかの参考になる古雑誌を探して。いろいろ選んで買って来て、それを色の参考にして描いたのを覚えてます。そんなんで勉強したね。

　西部劇であんな服着て来られたって、どんな色やさっぱりわかれへんもん。そりゃ苦労しましたよ、最初は。白黒の映画でも映画看板まで白黒でええかと言ったらそれはいかんからね、やっぱり。看板には色をつけますやろ？

　描くときは脚立を2つ並べて、ひとつには、使うだけの絵の具を入れたパレットを載せる。もうひとつには自分が乗って、左手に資料を持って右手に刷毛や筆を持って描く。

伊藤：脚立の間に板を渡すときもありましたね。油性のペンキ絵は、自家製の木箱に10色ほどのペンキを入れて、テレピン油で硬さを調整しながら描いていきます。ニカワで溶いた水性絵の具も、やはり硬さを調整しながら描きます。

貴田：そういえば、津村英雄先生は、描き終わったときに不思議とパレットの中

3枚にわたって描かれた絵
の上に、題字「快楽」が配
される

にペンキが残ってなかった。どれだけ絵の具を使うかを計算して描いてはったん
かなぁ。普通やったら、パレットに絵の具が余るもんなんやけど。

松原：私の最初の塗り込みは、昭和26年のことでした。不二夫先生に呼ばれて
行ったら「松っちゃん、これ描いてみ」と。それまでは画用紙に写生していただ
けの者が、自分の背丈よりも大きな看板に向かうんですよ。もう、手や足だけや
なく、全身がガクガク！　何が何やら、どれをどう描いたのか。それを見た先生
は、「ウ……これからやな」でした。

伊藤：僕は最初のうちは、雲、空とか描いてましたね。

松原：字書きさんのために、背景は早く描いてあげないと、どんどんたまってく
る。絵ができてなかったら字書かれへんのですよ。「早よ塗れ早よ塗れ」言われ
るんですよ。そしたら私ら一生懸命描いたとこへ、ブワーッとタイトル入れおる
んですよ（笑）。せやから下手にね、先走ってやるとね、あかんのんですわ。

伊藤：松原さんが下からのアングルで手前にいっぱい描き込んだはって。きれい
な絵描いてあるの、そこにブワーッて文字が入って、皆潰れていくの（笑）。

松原：絵を描く前に字を書かれたこともあった。先に書かれてしもたら、字のと
こよけながら絵を描かなあかんので、あれは大変やった！

伊藤：絵の上に字を書くじゃないですか。でもそしたら色が重なって、看板を映

画館にあげたときに字が目立たなくなる。せやから、全部の字を白でなぞらない
といけない。これはもう、絶対せなあかんのです。赤も黒も茶も皆描いてあると
ころへ、何色の文字を持ってきたって色は重なるじゃないですか。ひどいもんに
なったら真ん中の戦闘シーンでたくさん色のあるとこへキャストを描くじゃない
ですか、どんな色で字を書いても全然目立たないから、それ全部字の周りをなぞ
るんですよ、下っ端の絵描きが。ゴシックとか明朝とか、真っ直ぐしたのはいい
けど、楷書なんかあったときは難しかったですよ。

松原：これは誰でもやらなあかんのです。「白くくり」言うてね、白でこう、文
字を出していくわけですよ。この縁取りが、また大切やったんです。見えなあか
んのですよ、看板が上がったときに。絵どうのこうの関係なしに、まず見えなあ
かんのです。縁取りは白だけではなかったです。

伊藤：不二夫先生の弟さんの、中筋耕作先生の字がすごく上手で。ゴシック体と
か明朝体とかならお弟子さんたちにもできるけど、東映の時代劇の大友柳太朗と
か、日本映画で楷書みたいなのを書けたのは、あの先生だけでしたよ。うちでは
絵描きと字書きを分けていたけど、他の工房は両方同じ人がやるのが普通だった
と思いますよ。

『オーケストラの少女』（P13）の看板に文字を入れる中筋耕作氏

描きやすい顔、描きづらい顔

——映画館の人は途中で確認に来たりしないんですか？

松原：ほとんどありませんでしたけど、「塗り込み」の段階で、時々来はりましたね。

伊藤：僕らにとっては、絵の素人の支配人よりも宣伝部の人のほうが重要でしたね。宣伝部はやっぱりそれなりの絵心があって、こうこうこれがいいという。でもたまに絵心のない人もいてはって、そういうときは困りましたねぇ。系列によって、映画館の人の雰囲気も違いましたね。変な言い方すれば、大阪で言えば松竹って昔からある興行師的な、東宝は近代的なやり方してて、松竹はミナミで東宝はキタでっていうのがありましたね。

——俳優によって描きやすい顔、描きづらい顔ってありますか？

伊藤：アラン・ドロンとね、オードリー・ヘプバーン、エリザベス・テイラーはむちゃくちゃ描きやすいんですよ。日本人は難しい。特に特徴ない顔。僕いつも怒られたのが、田中絹代いう人。あれが全然、いつも似てないと怒られた。

松原：苦手っちゅうかね、嫌いやったのは、山本富士子、高峰三枝子、それから岸恵子。のぺーっとした顔ね、あれは描きたくなかったねぇ。幸い山本富士子は大映やったから描くことなかったけどね。他にもおったねぇ、新珠三千代。大体のぺーっとした顔でしょ？

——似ていないと怒られるんですね。

松原：当たり前ですがな、似てないといかんのですよ、まず！

伊藤：うまい下手より、まず似てること。せやから描きづらい顔とすごく描きやすい顔とあるんです。

——絵を描く練習はしていましたか？

岸本：まったくしてませんでした。僕より1年ほど先に入社した同年代で字書き見習いの榎田くんは、仕事のあとで自分の部屋で毎日文字の練習して頑張っては

描きやすい女優のひとり、
オードリー・ヘプバーン

りました。工房の上に部屋があって住み込み生活してた時期もありました。僕は、伊藤さんが「仕事はやってるうちに覚えるから、仕事以外で勉強したことない」と言うてはるのが好きで、勉強しませんでした。ヘッドホンでジャズのレコードばかり聴いてましたね。ある日伊藤さんが来て、机の上のゴッホやピカソの画集見て、「こんなん看板絵の参考になれへん」言うてはったん、その通りやと思いますわ。伊藤さんは岩田専太郎とか風間完とかの挿絵画家が好きで、こちらの方が確かに看板の勉強になります。

——最後の仕上げはどのようにされるのでしょうか。

松原：仕上げは、不二夫先生に見ていただきます。工房におられるときは、いつも見て回られています。いくつかの注意点をしっかり受けて、仕上げに入ります。

　先生が直接筆を持たれることもあって、その一筆で、目は輝き、唇、その周りがグッとしまるので、驚きの一瞬です。「身体で覚えろ」「見て覚えろ」。ほんまに勉強になりました。

　それまでは、主に刷毛で描いてきたのを、ここで筆に持ち替えます。眉毛、目の周り、鼻のかたち、口唇、その他シメの筆を入れます。特に目と口元に集中します。「目は口ほどにものを言い」とか「目に魂を入れる」とか言いますよね。メリハリを大胆に。

　次に額、鼻すじ、頬骨、口、あごなどへ、肌色に艶を、立体感を強調するために白色、光を入れます。目玉にもアイキャッチの光を。全体を見直してから、筆を置きます。

※「元映画看板絵師たちの記憶（2）」に続く（→P166）

『紳士は金髪がお好き』 Gentlemen Prefer Blondes

スバル座
1953年公開
監督：ハワード・ホークス
出演：マリリン・モンロー
　　　ジェーン・ラッセル

ニューヨークのナイトクラブで踊ってきた女性たちが、結婚式のために豪華客船に乗りこみ、パリにやってきて騒動を巻き起こす。モンローの魅力を決定的に知らしめたミュージカル・コメディ。

『ナイアガラ』 Niagara

スバル座
1953年公開
監督：ヘンリー・ハサウェイ
出演：マリリン・モンロー
　　　ジョセフ・コットン
　　　ジーン・ピータース

ナイアガラ瀑布を望むホテルで、モンローの演じる妻とその愛人が夫を殺す計画を立て、恐ろしい顛末をたどる。劇中で披露されるモンロー・ウォークのショットもよく知られている。写真内のモンローの絵の右下にある小さな看板は、三角くじ1等賞の「硬質ビニールバッグ」の宣伝。

『静かなる男』 The Quiet Man

スバル座
1953年公開
監督：ジョン・フォード
出演：ジョン・ウェイン
　　　モーリン・オハラ

アイルランド移民の元ボクサーが、アメリカから故郷
の村に戻り、羊を追う美女に心奪われる。アイルラン
ド人の両親をもつフォードは、企画から16年後に本作
を完成させ、四度目のアカデミー監督賞を得た。

『地上最大のショウ』 The Greatest Show on Earth

スバル座
1953年公開
監督：セシル・B・デミル
出演：ベティ・ハットン
　　　コーネル・ワイルド
　　　チャールトン・ヘストン

世界最大規模のサーカスである、リングリング・ブラザース＝バーナム・アンド・ベイリー一座の協力を得、豪華絢爛なショウを映画化。チャールトン・ヘストンの人気を押し上げ、アカデミー作品賞も受賞した。

『三つの恋の物語』 The Story of Three Loves

スバル座
1953年公開
監督：ゴットフリード・ラインハルト
　　　ヴィンセント・ミネリ
出演：モイラ・シアラー、レスリー・キャロン
　　　ピア・アンジェリ

MGMのプロデューサーのシドニー・フランクリン製作による、痛ましい恋愛のオムニバス映画。第1話「嫉妬深い恋人」と第3話「均衡」をラインハルト、第2話「マドモワゼル」をミネリが監督、スター俳優らが出演した。

『ガラスの城』 Le Château de Verre

スバル座

1953年公開

監督：ルネ・クレマン

出演：ミシェル・モルガン

　　　ジャン・マレー

『鉄路の闘い』などのレジスタンス映画を撮ってきたクレマンが悲恋映画を手掛けた。北イタリアの湖畔に休暇で夫と訪れた女性と現地の青年が恋に落ち、やがて2人はパリで再会することになる。

『赤い風車』 Moulin Rouge

スバル座　1953年公開
監督：ジョン・ヒューストン
出演：ホセ・ファーラー
　　　　コレット・マルシャン
　　　　シュザンヌ・フロン
　　　　ザ・ザ・ガボール

19世紀末のパリを生きた画家トゥールーズ=ロートレックの伝記映画。華やぐモンマルトルで、ムーラン・ルージュの踊り子たちを毎夜スケッチする姿を演じたファーラーは、本作でアカデミー主演男優賞にノミネートされた。

『浮気なカロリーヌ』 Un Caprice de Caroline Chérie

スバル座
1953年公開
監督：ジャン・ドヴェーヴル
出演：マルティーヌ・キャロル

1951年製作の『愛しのカロリーヌ』の続編。キャロル
演じる美しい妻を気にかけるフランス軍司令官は、パ
リから駐留地のイタリアに彼女を連れてくる。だが、
あろうことか敵対する反乱軍のリーダーに彼女は恋を
する。

『錨を上げて』 Anchors Aweigh

スバル座
1953年公開
監督：ジョージ・シドニー
出演：フランク・シナトラ
　　　キャスリン・グレイソン
　　　ジーン・ケリー

休暇でハリウッドにきた水兵たちの恋を描くミュージ
カル。ケリーとシナトラが共演する『踊る大紐育』の
姉妹的映画でもある。アニメーション『トムとジェリー』
のジェリーとケリーが一緒に踊る場面も楽しい。

『腰抜け二挺拳銃の息子』 Son of Paleface

スバル座
1953年公開
監督：フランク・タシュリン
出演：ボブ・ホープ
　　　　ジェーン・ラッセル

前作『腰抜け二挺拳銃』の続編で、父親が隠した遺産を探しに西部へきた息子役をホープが、女強盗をラッセルが演じる。全編ギャグ満載で、歌手のロイ・ロジャースらが参加した音楽も楽しませる。

『人生模様』 O. Henry's Full House

スバル座　1953年公開

監督：ヘンリー・コスター、ヘンリー・ハサウェイ
　　　ジーン・ネグレスコ、ハワード・ホークス
　　　ヘンリー・キング

出演：チャールズ・ロートン、マリリン・モンロー
　　　デヴィッド・ウェイン

モンローたち豪華ハリウッド・スターが出演し、著名な監督たちが、オー・ヘンリーの『最後の一葉』などの短編小説5篇のオムニバス映画を手がけた。全編の進行役を小説家のジョン・スタインベックが担当。

『真紅の盗賊』 The Crimson Pirate

戎橋劇場
1953年公開
監督：ロバート・シオドマク
出演：バート・ランカスター
　　　　エヴァ・バートック
（併映『砂漠の鷹』）

18世紀末のカリブ海、「真紅の貴婦人」号の海賊とし
て恐れられたヴァロとその一味による大冒険が展開す
る娯楽作品。ヴァロを演じたランカスターのプロダク
ションが製作、シチリア島での長期ロケーションで撮
影された。

『皇帝円舞曲』 The Emperor Waltz

スバル座
1953年公開
監督：ビリー・ワイルダー
出演：ビング・クロスビー
　　　　ジョーン・フォンテイン

ワイルダー監督とクロスビーが組んだミュージカル。ウィーンに蓄音機を売り込みにやってきたアメリカ人のセールスマンが、フォンテイン演じる伯爵令嬢に恋して、愛犬とともに宮廷で大騒動を起こしていく。

『情炎の女サロメ』 Salome

スバル座
1953年公開
監督：ウィリアム・ディターレ
出演：リタ・ヘイワース
　　　スチュワート・グレンジャー
　　　チャールズ・ロートン

リタ・ヘイワース演じるサロメは、ヘロデ王にヴェールの踊りを披露して、投獄された預言者ヨハネの助命を求める。オスカー・ワイルドの書いたヴァンプのイメージとは異なる、清純なサロメ像を示した映画。

『禁じられた遊び』 Jeux interdits

スバル座
1953年公開
監督：ルネ・クレマン
出演：ブリジット・フォッセー
　　　ジョルジュ・プージュリー

戦争で両親を失った少女が、貧しい農家に救われる。
やがて彼女は、その家の少年と十字架を盗む遊びに興
じていく。ナルシソ・イエペスがギター演奏をする「愛
のロマンス」はあまりに有名。

映画絵看板の作り方

数メートルにもおよぶ大きな絵看板は、どのように作られるのか。ここで紹介するのは、昭和20年代後半から30年代にかけての大阪ミナミで、まだアクリルカラーや既成の油性ペンキ、種ペンが市販される前、粉からペンキを作っていた頃の制作方法である。

絵の具作りと看板の下準備

設置する場所によって、絵の具を使い分けていた。庇があり雨に濡れない場所には水性絵の具で描いた看板を、雨や雪にさらされる場所には油性の手作りペンキを用いる。

水性の絵の具の場合

泥絵の具の粉とニカワを練る。日本画なら小さな乳鉢を使うが、看板制作では大きなすり鉢とすりこぎ棒で練り合わせる。お湯で溶いたニカワの溶液の量の調節が難しい。このコツを覚えるには長い経験を要する。

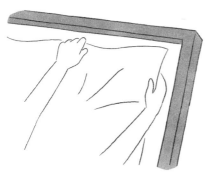

木枠にはめた板に紙が貼られた看板のベースは基本、再利用。映画最終日に引き上げてきた看板の上に、白い紙を貼って使う。紙が重なり重くなってきたら、看板のベースを新調。すべての紙を剥がして、新たに白い紙を貼る。

油性の手作りペンキの場合

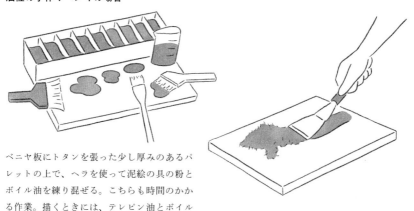

ベニヤ板にトタンを張った少し厚みのあるパレットの上で、ヘラを使って泥絵の具の粉とボイル油を練り混ぜる。こちらも時間のかかる作業。描くときには、テレビン油とボイル油を混ぜたもので調節していた。

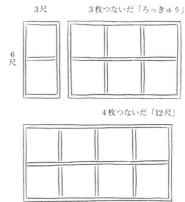

3尺

3枚つないだ「ろっきゅう」

6尺

4枚つないだ「12尺」

キャンバスの布地の目を埋めるために、溶いた寒天を塗り込んで乾かした後、白いペンキを塗って下地を作る（イラスト上）。キャンバスがピンと張り、ペンキが染み込まなくなる。映画最終日の上映後に引き上げた看板は、数回再使用した。上から白いペンキを塗って、新しい看板の下地を作る。枠も傷んできたら作り直す。

看板サイズは、「さぶろく」と呼ばれた3尺（909ミリ）×6尺（1818ミリ）を一単位とし、これをいくつか組み合わせる場合が多かった。3枚つないで「ろっきゅう」、4枚つないで「12尺」など。角木で枠を作り、布を張る場合と、ベニヤ板をつける場合があった。キャンバスには油性のペンキで、ベニヤ板には紙を貼って水性の泥絵の具で描いた。

割付から設営まで

下準備を終えた看板に、いよいよ絵を描いていく。大まかなレイアウト（割付）をした後、下書きを経て絵と字が描かれる。

1.割付

映画館の宣伝部の指示に従って、大きな看板のどのあたりに何を描くか、割り付けていく。看板から距離をとって構図全体が見られるように、1メートル以上の長い竹の棒の先に、軽くてすぐに消せる柳の木炭をつけて描く。

2.下書き

暗室で、幻灯機を使って小さな資料を拡大し、輪郭を薄墨で描いていく。看板サイズも大きいため一度に輪郭をとることはできず、幻灯機やキャンバスをずらしながら部分ごとに下書きをしていく。巨大な看板の場合、拡大した絵をもう一度拡大する場合もあった。

幻灯機（イラスト下）。ガラス板に資料を伏せ置いて板で挟み、電球の光が漏れないよう全体を黒い布で覆う。鏡に映る画像がレンズを通して拡大投影される。

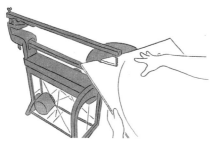

3.切り出し

下書きの輪郭線に沿って、看板のベースとなるベニヤ板を足踏み式の電動糸鋸で切り抜いていく。絵師ではなく、工事や設営専門の担当者が行う。

4.塗り

まずは背景を描いて、それから俳優の顔を描いていく。1枚の看板でも、背景、人物、そして目や表情の最終仕上げ、と複数人で描く場合が多い。左手に資料を持ち、右手に刷毛を持って描く。右のイラストは油性の場合。水性の場合には、缶に入った泥絵具を専用の棒でかき混ぜながら描く。

5.字書き

映画の題字や出演者名などの文字は、字書き専門の担当の仕事。背景がある程度出来上がった段階まで待って、絵の上から書く。下書きなしで、直接描くことも多かった。絵も重要だが、映画館に上げた看板の字が遠くからでも目立って読めるように白などで縁どりをしたり、工夫をする必要があった。

6.設営

戦前は木製の大八車に載せて運んでいたが、戦後は「横付け」と呼んだ、横にリヤカーのようなものをつけた自転車に、ある程度の大きさにバラした看板を積んで運んだ。映画館にある脚立に乗って、前回の看板を下ろし、新しい看板を上げた。映画館によっては足場の悪い現場もあった。撤収と設営の作業は主に工房の大工さんが担当し、絵師は手伝う程度だった。

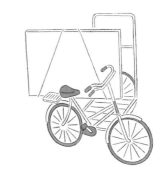

『シェーン』 Shane

スバル座
1953年公開
監督：ジョージ・スティーヴンス
出演：アラン・ラッド
　　　　ジーン・アーサー

19世紀末のアメリカ、牧場主たちが開拓者の家族
を追い払おうとしているところに、流れ者の男が
くる。新しい西部劇とされ、アカデミー賞6部門
に輝いた。主題曲「遥かなる山の呼び声」も人々
に深く記憶された。

『愛しのシバよ帰れ』 Come Back, Little Sheba

スバル座
1953年公開
監督：ダニエル・マン
出演：シャーリー・ブース
　　　バート・ランカスター
　　　テリー・ムーア

学生時代に結婚して中年になった夫婦が、ありえたかもしれない青春の姿を追い求め、傷つきながら再生を果たしていく物語。妻ローラを演じたシャーリー・ブースは、本作でアカデミー女優賞に輝いた。

『悲恋の王女エリザベス』 Young Bess

スバル座
1953年公開
監督：ジョージ・シドニー
出演：ジーン・シモンズ
　　　　スチュワート・グレンジャー
　　　　チャールズ・ロートン

『ハムレット』のオフィーリア役などを担ってきたシモンズが、エリザベス女王の前半生を演じる。母親を絞首台に送られ、王宮を追われたエリザベスが、逆境と悲恋を潜り抜け、25歳で王位につく。

『東京物語』

浪花座
1953年公開
監督：小津安二郎
出演：原節子、笠智衆

老夫婦が尾道から東京で暮らす息子や娘の家族に会いにくるが、居場所を得られず、戦死した次男の妻の家で一時の安らぎを得る。小津の代表作であり、世界映画史のオールタイムベストにも選ばれた。

『バンド・ワゴン』 The Band Wagon

スバル座

1953年公開

監督：ヴィンセント・ミネリ

出演：フレッド・アステア

　　　シド・チャリシー

かつて人気を誇ったダンサーのトニーが、友人の書き
下ろした舞台に参加を求められる。54歳になったアス
テア自身の姿と重なるミュージカル・コメディであり、
彼は「ザッツ・エンターテインメント」を歌い踊る。

『荒原の疾走』 Ride, Vaquero!

スバル座
1953年公開
監督：ジョン・ファロー
出演：ロバート・テイラー
　　　　　エヴァ・ガードナー

南北戦争の後、テキサスではメキシコ人の首領の一団が暴れまわっていたが、その土地に牧場を開くのを夢見るたくましい青年が移住してくる。青年の妻をガードナーが演じ、一団にいる拳銃の名手と恋に落ちる。

『綱渡りの男』 Man on a Tightrope

スバル座
1953年公開
監督：エリア・カザン
出演：フレドリック・マーチ
　　　テリー・ムーア

1950年に実際に起きた事件をもとにした小説の映画化。チェコスロバキアの小サーカス団が、社会主義宣伝の強制に耐えられず、西ドイツに脱出をはかる。パレードを装い国境を越えるクライマックスが印象的。

『バリ島珍道中』 Road to Bali

スバル座

1953年公開

監督：ハル・ウォーカー

出演：ビング・クロスビー

　　　ボブ・ホープ

　　　ドロシー・ラムーア

クロスビーとホープによる「珍道中シリーズ」の第6作。旅芸人のコンビが、女性に手を出して仕事から逃亡、やがてバリの傍の島で美しい王女と出会う。映画のパロディ満載のミュージカル・コメディ。

『快楽』 Le Plaisir

スバル座
1953年公開
監督：マックス・オフュルス
出演：クロード・ドーファン
　　　ダニエル・ダリュー
　　　ジャン・ギャバン

モーパッサンの3つの短編小説を原作にしたオムニバ
ス映画であり、人生の陰影を繊細に描く。ドイツとフ
ランスを経て、ハリウッドでも映画を手掛けたオフュ
ルスがフランスに帰還、流麗なカメラワークで全編を
演出。

『黄昏』 Carrie

スバル座

1953年公開

監督：ウィリアム・ワイラー

出演：ローレンス・オリヴィエ、
ジェニファー・ジョーンズ

『ローマの休日』の直前にワイラーが監督した文芸作品。愛情のない妻のもとを去り、若い田舎女とすべてを捨てて駆け落ちし、身をやつす中年男。その姿を40代半ばに至ったオリヴィエが見事に演じてみせた。

『地上より永遠に』
From Here to Eternity

スバル座　1953年公開

監督：フレッド・ジンネマン

出演：バート・ランカスター、
モンゴメリー・クリフト、デボラ・カー

ホノルルの米軍基地にかつてのボクシングチャンピオンが転属してくるが、軍隊の陰惨ないじめ、虐待に遭う。軍隊批判のベストセラー小説を『真昼の決闘』のジンネマン監督が、朝鮮戦争のさなかに映画化。

『聖衣』 The Robe

南街劇場

1953年公開

監督：ヘンリー・コスター

出演：リチャード・バートン、
ジーン・シモンズ、ヴィクター・マチュア

世界初公開のシネマスコープ作品。キリストがゴルゴタの丘で着ていた聖なる衣をめぐる信仰の物語を膨大な製作費をかけて映画化。写真の建物は、なんば高島屋の前に建てられた「南街会館」。館内にある南街劇場には、約18メートルの大スクリーンと18個のスピーカーが設置されていた。

『アナタハン』

浪花座
1953年公開
監督：ジョセフ・フォン・スタンバーグ
出演：根岸明美

太平洋戦争の末期、アメリカ軍に船を撃沈さ
れ、島に取り残された人々が、1人の女性を
めぐって起こした事件をもとに作られた映画。
ハリウッドやドイツで大きな足跡を残したス
タンバーグが日本で監督した一本。

『お嬢さん社長』

浪花座
1953年公開
監督：川島雄三
出演：美空ひばり、佐田啓二
（併映『股旅しぐれ』『蛮から社員』）

製菓会社の社長が持病で突然倒れたことから、
美空ひばり演じる孫娘が社長を任され、辣腕
を振るう。川島雄三による正月封切りのお年
玉映画で、歌劇スターに憧れる主人公たちの
歌と踊りが詰め込まれた。

『日輪』

常盤座
1953年公開
監督：渡辺邦男
出演：片岡千恵蔵、木暮実千代、
市川右太衛門

東映初の総天然色、オールロケーションによ
る神話物語。千恵蔵と右太衛門の二大スター
が共演したことも話題を呼ぶ。太古の日本を
舞台に、王女ヒミコをめぐり、集落をおさめ
る王子たちが争い合う。

前 92-93 ページ

『七人の侍』

東宝敷島劇場
1954年公開
監督：黒澤明
出演：三船敏郎、志村喬、津島恵子

野武士の略奪に脅かされてきた農民たちが、武士を雇って襲撃に立ち向かう。ヴェネチア国際映画祭では銀獅子賞を受賞、黒澤・三船コンビによる世界映画史が誇る黒澤の代表作。

『次郎長三国志 第七部初祝い清水港』

東宝敷島劇場
1954年公開
監督：マキノ雅弘
出演：小堀明男
（併映『この恋！ 五千万円』）

1952年末から開始した「次郎長三国志」シリーズは、わずかな期間で9作品製作された。第七部から2本立ての上映となる。映画黄金期に至る大手映画会社の製作が加速した時代のマキノの代表的シリーズである。

『岩見重太郎 決戦天の橋立』

東宝敷島劇場
1954年公開
監督：渡辺邦男
出演：嵐寛寿郎、月形龍之介
　　　大河内傳次郎
（併映『透明人間』）

戦国時代の末期にいたという伝説の豪傑岩見重太郎を
寛寿郎が演じて、父と弟の仇討ちのために、天の橋立
で敵との決戦に至る。若い日は俳優として活躍、早撮
りで知られる渡辺邦男が監督した。

『求婚三人娘』

千日前
1954年公開
監督：萩山輝男
出演：水原真知子、淡路恵子
　　　北原三枝

源氏鶏太の小説『丸ビル乙女』を松竹が映画化。東京駅前に建つ丸ノ内ビルヂングのそれぞれ別の会社で働いていた水原、淡路、北原演じる仲良し3人の恋愛模様が並行して描かれる。

『お役者変化』

浪花座
1954年公開
監督：大曽根辰夫
出演：高田浩吉
（併映『美空ひばりの 春は唄から』）

元禄時代、国学者で剣客でもあった主人公を、戦前からの松竹の大スターだった高田浩吉が演じる。弟を殺した奉行を探し、自らも追われる身となって奈良から京都へ、さらに江戸へと向かう波乱万丈の物語。

『君の名は 第三部』

浪花座
1954年公開
監督：大庭秀雄
出演：岸恵子、佐田啓二

ゴールデンウィークに公開され、シリーズ中で最大の
興行成績をあげた第三部。ヒロインを演じた岸恵子も
一躍人気スターとなり、ストールを頭から首に巻く"真
知子巻き"も流行した。

『楽しき我が家』 The Stars Are Singing

スバル座
1954年公開
監督：ノーマン・タウログ
出演：ローズマリー・クルーニー
　　　　アンナ・マリア・アルバゲッティ

ポーランドからアメリカに密入国した戦災孤児が、芸人たちと出会い、移民局の追跡を逃れて歌手として成功していく。ヒット曲「家へおいでよ」で知られるクルーニーと新人のアルバゲッティの歌と踊りが光る。

『ローマの休日』 Roman Holiday

スバル座
1954年公開
監督：ウィリアム・ワイラー
出演：オードリー・ヘプバーン
　　　グレゴリー・ペック

ローマを訪れたある国の王女が、大使館を飛び出して、スクープを狙う新聞記者と古都を冒険する。まだ新人だったヘプバーンが、本作でいきなりアカデミー主演女優賞を得、世界中がその姿に恋した。

『謎のモルグ街』 Phantom of the Rue Morgue

スバル座
1954年公開
監督：ロイ・デル・ルース
出演：カール・マルデン
　　　クロード・ドーファン
　　　パトリシア・メディナ

19世紀末のパリで、美女たちを標的にした凄惨な殺人事件が多発、街は恐怖にさらされていた。エドガー・アラン・ポーの探偵小説『モルグ街の殺人』を原作にした立体映画。

『ボルジア家の毒薬』 Lucrèce Borgia

スバル座

1954年公開

監督：クリスチャン゠ジャック

出演：マルティーヌ・キャロル、

ペドロ・アルメンダリス、マッシモ・セラート

15世紀末ローマで毒薬による暗殺を繰り返したとされるボルジア家。その姫で過酷な運命をたどるルクレツィアを、妖艶な魅力を湛えたマルティーヌ・キャロルが演じる。豪華絢爛な謝肉祭や決闘場面も注目された。

『二つの世界の男』
The Man Between

スバル座　1954年公開

監督：キャロル・リード

出演：ジェームズ・メイソン、

ヒルデガード・ネフ、クレア・ブルーム

『第三の男』の監督リードが、東西に分割されたベルリンで撮ったスリラー映画。休暇で医者の兄を訪ねてきた女性が、メイソン演じる暗い過去を背負った男と出会い、複数の人間の思惑に巻き込まれていく。

『モガンボ』 Mogambo

スバル座

1954年公開

監督：ジョン・フォード

出演：クラーク・ゲーブル、

エヴァ・ガードナー、グレース・ケリー

アフリカ奥地で動物を捕獲する男の下に、一人のショーガール、生物学者とその妻が現れ、ゴリラを追う冒険とロマンスが繰り広げられる。同じくゲーブル主演の『紅塵』を、ジョン・フォードがリメイク。

『愛情の瞬間』 La Minute de Vérité

スバル座

1954年公開

監督：ジャン・ドラノワ

出演：ミシェル・モルガン、ジャン・ギャバン、
ダニエル・ジェラン

ギャバン演じる医師が、自殺した青年の部屋
で、女優である妻の写真を発見する。問いた
だされた妻は、青年との関係を告げる。『田
園交響楽』など文芸作品を手掛けてきたドラ
ノワが大人の恋愛心理を描いた。

『ホンドー』 Hondo

スバル座

1954年公開

監督：ジョン・ファロー

出演：ジョン・ウェイン、
ジェラルディン・ペイジ

立体映画として製作された西部劇。ウェイン
演じる騎兵隊の男が戦闘で馬を失ってしまう。
たどり着いた荒野の牧場で夫の留守を守る女
性に出会い、やがて彼女を愛するものの、数
奇な運命が待ち受けていた。

『赤と黒』 Le Rouge et le Noir

スバル座

1954年公開

監督：クロード・オータン＝ララ

出演：ジェラール・フィリップ、
ダニエル・ダリュー

文学史に輝くスタンダールの小説の映画化で、
美貌の青年ジュリアン・ソレルを、フィリッ
プが熱演した。その没後50年にあたる2009
年、未公開シーン含む完全版が公開された。

『外人部隊』 Le Grand Jeu

スバル座

1954年公開

監督：ロバート・シオドマク

出演：ジーナ・ロロブリジーダ、
ジャン=クロード・パスカル

外人部隊に加わった男がアルジェリアの街で、ジーナ・ロロブリジーダが二役で演じるかつて裏切った恋人と瓜二つの女性と出会い、運命を狂わされる。1934年製作の同名映画をシオドマク監督がリメイク。

『素晴らしき哉、人生！』 It's a Wonderful Life

スバル座　1954年公開

監督：フランク・キャプラ

出演：ジェームズ・スチュワート、
ドナ・リード、ヘンリー・トラヴァース

運命に見放されてきたと絶望し、クリスマス・イヴに自殺をはかる男の前に天使が現れて、もしも彼が存在しなければ世界がどれだけ悲惨だったかを伝えてくれる。名匠キャプラが手掛けた人間ドラマの傑作。

『怒りの海』 The Cruel Sea

スバル座

1954年公開

監督：チャールズ・フレンド

出演：ジャック・ホーキンス

イギリス海軍の軽巡洋艦コンパス・ローズ号では、日夜訓練が行われていた。そしてダンケルクにおける撤退では、いち早く味方の救出に成功する。海上での迫力ある戦闘場面を演出したフレンド監督の手腕が評価を得た。

『陽は沈まず』

浪花座
1954年公開
監督：中村登
出演：佐田啓二、高橋貞二

松竹で『我が家は楽し』などの家族ドラマを監督してきた中村登の映画。妻に先立たれた、7人の子をもつ政治家の男に再婚話がもちあがるが、家族とすれ違いが生じ、やがて汚職の噂まで流される。

『第二の接吻』

今里東宝　1954年公開
監督：清水宏
出演：高峰秀子、池部良、三浦光子
（併映『この恋！五千万円』
『次郎長三国志　第七部初祝い清水港』）

菊池寛の人気メロドラマ小説が原作。戦前に松竹、日活で映画化された際は、「接吻」が煽情的として改題を迫られた。ある政治家の下で育った孤児を高峰秀子が演じ、池部良の青年との悲恋を描いた物語。

『若夫婦は朝寝坊』

東宝敷島劇場
1954年公開
監督：小田基義
出演：本郷秀雄、広瀬嘉子
（併映『第二の接吻』）

寝坊により夫が大事な仕事で失敗し、そこからはじまった新婚夫婦の大喧嘩が妻の妹夫婦にまで及んでしまうが、ハワイから来た叔母には円満さをアピールせねばならなくなる。

『二挺拳銃の龍』

常盤座
1954年公開
監督：小石栄一
出演：河津清三郎
（併映『女の暦』）

戦前期の流行作家下村千秋の小説の映画化。
自分の娘を病から救いたい一心で麻薬密輸グ
ループに加わった男が、幼い娘の教師への恋
心を通し、泥沼のような状況から抜け出そう
ともがく。

『江戸の夕映』

浪花座
1954年公開
監督：中村登
出演：市川海老蔵（九代目）、淡島千景

市川海老蔵と菊五郎劇団ら豪華キャストが集
結した大作で、中村登監督初の時代劇。幕府
軍の勇士として闘ったが官軍に破れ、明治維
新の時代を生きた旗本武士たちの姿を描く。

『忠臣蔵 花の巻・雪の巻』

浪花座
1954年公開
監督：大曽根辰夫
出演：松本幸四郎（八代目）

占領期が終わってようやく時代劇の撮影を再
開できた松竹が総力を挙げて『忠臣蔵』を二
部作にし、戦後初の映画化を行った。歌舞伎
や新劇からも加わった豪華キャストで製作さ
れた。

昭和20年代の映画宣伝チラシ

看板絵師たちは映画館の宣伝部から、次に制作する看板の資料としてポスターやチラシ、写真などを受け取っていた。その資料のひとつ、1950年のフランス映画『輪舞』のチラシを紹介。絵師たちの書き込みやメモから、当時の看板制作の流れを見ることができる。

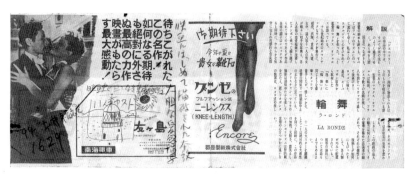

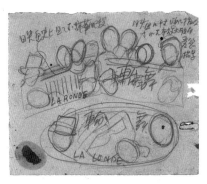

1952年に日本で公開された『輪舞』の宣伝チラシ。裏面には絵師によるキャッチコピーのメモがある。手描きのメモ（左）は看板の構図。この程度まで宣伝部と打ち合わせしてから制作にとりかかっていたようだ。「映画史上嘗てなき豪華配役」「11人キャスト」などのメモが書き込まれている。この資料を元に作られた絵看板は、木造時代の南街劇場に掲げられたと思われる。

第2章　昭和30年代の映画絵看板 ①

1955–1959

『ジャンケン娘』

新世界東宝敷島
1955年公開
監督：杉江敏男
出演：美空ひばり、江利チエミ
　　　雪村いづみ

歌や踊りが散りばめられた、ひばり・チエミ・いづみの三人娘初めての共演作。日本映画としては初期のカラー映画であり、3人のイメージを黄・赤・青の3色に描き分けているのも微笑ましい。

『絵島生島』

浪花座
1955年公開
監督：大庭秀雄
出演：市川海老蔵、淡島千景

江戸城大奥に仕える女中絵島が、歌舞伎役者生島との密通で厳しく処罰された事件を基に、引き離されても情熱的に生島を慕い続ける絵島の悲恋が綴られる。

『初笑い底抜け旅日記』

今里東宝
1955年公開
監督：青柳信雄
出演：榎本健一、柳家金語楼
（併映『男性No.1』）

エノケン演じるお気楽な風来坊が、町人姿の水戸黄門
を高貴な人物とも気づかずに旅の作法を教えてやるが、
黄門様一行は女スリに有り金を奪われてしまうという
コミカルなオペレッタ時代劇。

『王将一代』

常盤座
1955年公開
監督：伊藤大輔
出演：辰巳柳太郎、田中絹代

破天荒な将棋指し坂田三吉の生涯を綴った北條秀司の
戯曲『王将』の二度目の映画化。前作の阪東妻三郎に
代わって、舞台版で主演していた辰巳柳太郎を坂田役
に起用した。

『エデンの東』 East of Eden

スバル座
1955年公開
監督：エリア・カザン
出演：ジェームズ・ディーン
　　　　ジュリー・ハリス

旧約聖書のカインとアベルの物語をベースに、父から
の愛情を求める息子の精神的葛藤を描いたスタインベ
ック小説の映画化。ジェームズ・ディーンは、初出演
作のこの映画でたちまちスターダムに上りつめ、ディ
ーンの大学での師レナード・ローゼンマンによるテー
マ曲も映画音楽史上のスタンダードとなった。

『お若いデス』 You're Never Too Young

スバル座
1955年公開
監督：ノーマン・タウログ
出演：ディーン・マーティン
　　　ジェリー・ルイス

日本では「底抜けコンビ」と呼ばれたディーン・マーティンとジェリー・ルイス主演のコメディで、女学校教師と散髪屋に扮した2人が宝石の盗難事件に巻き込まれる。

『青銅の基督』

浪花座
1955年公開
監督：渋谷実
出演：岡田英次、香川京子

江戸幕府の迫害にあえぐ長崎のキリシタンたちを描いた殉教悲劇。クライマックスとなる、踏み絵を拒絶した信者たちの磔刑のシーンが壮大にして悲痛である。1956年のカンヌ国際映画祭に出品された。

『やんちゃ娘行状記』

新世界東宝敷島
1955年公開
監督：渡辺邦男
出演：青山京子、宝田明

オリンピックで優勝した女子体操選手の恋と
結婚をめぐる騒動。トニー谷演じる見合い相
手や柳家金語楼の新聞社社長なども巻き込み
ながら、最後は宝田明のハンサム記者と結ば
れる。

『天下泰平』

今里東宝
1955年公開
監督：杉江敏男
出演：三船敏郎、久慈あさみ

源氏鶏太のサラリーマン小説を翻案、戦争か
ら復員して戻ってきた会社が新勢力の連中に
乗っ取られていたのに憤慨し、奮闘する社員
を三船敏郎が演じた。

『夫婦善哉』

新世界東宝敷島
1955年公開
監督：豊田四郎
出演：森繁久彌、淡島千景

『夫婦善哉』にちなんでぜんざいの無料サー
ビスを謳う看板。この作品は織田作之助の同
名小説をもとに、道楽にふける大店のぼんぼ
んと売れっ子芸者という男女の馴れ合い、心
の通い合いを、大阪情緒たっぷりに描き出し
た名匠豊田四郎の代表作。

『滅びゆく大草原』
The Vanishing Prairie

スバル座
1956年公開
監督：ジェームズ・アルガー

1950年代のディズニーが得意としたネイチャー・ドキュメンタリーのひとつで、プレーリードッグをはじめ、アメリカ中西部の草原に生きる動物たちの生態を収めた。

『暗黒街』

新世界東宝敷島
1956年公開
監督：山本嘉次郎
出演：鶴田浩二、青山京子

志村喬演じる心臓病持ちの組長が頼りにしている若い女医が、若くて頭の切れる子分と知り合い、やがて組の内紛に巻き込まれてしまう。脇役の捜査主任に三船敏郎を起用している。

『真昼の暗黒』

常盤座
1956年公開
監督：今井正
出演：草薙幸二郎
（併映『隠密七生記』）

警察の強引な取り調べに負けて偽りの自白をし、殺人の共犯者にされてしまった男の絶望を描いた独立プロダクション作品。モデルとなった事件が裁判係争中だったため社会的にも大きな話題を巻き起こした。黒澤明の映画で知られる脚本家橋本忍の代表作のひとつ。

『ロマンス娘』

新世界東宝敷島
1956年公開
監督：杉江敏男
出演：美空ひばり、江利チエミ、雪村いづみ
（併映『ボロ靴交響楽』）

『ジャンケン娘』に続く、ひばり・チエミ・
いづみの三人娘共演のミュージカル映画。3
人はボーイフレンドと自転車旅行をしようと
デパートのアルバイトに精を出す。

『チエミの初恋チャッチャ娘』

新世界東宝敷島
1956年公開
監督：青柳信雄
出演：江利チエミ、高島忠夫

ジャズを歌いこなす一本気な娘は、モデルの
姉とのデートに来なかった青年を怒鳴りつけ
たり、青年の弟を間違って殴ったりの大騒動
を起こすが、ついに歌手になる夢をかなえる。

『銭形平次捕物控 人肌蜘蛛』

〈劇場不明〉
1956年公開
監督：森一生
出演：長谷川一夫

江戸の神田祭を背景に、殺された者たちが懐
中に残した謎の浮世絵を読み解いて、悪党一
味を一網打尽にする平次の活躍を描く「銭形
平次捕物控」シリーズ第10作。

『猫と庄造と二人のをんな』

東宝敷島劇場／敷島シネマ
1956年公開
監督：豊田四郎
出演：森繁久彌、香川京子
　　　山田五十鈴

文芸映画の名手豊田四郎が、谷崎潤一郎の原作を活かしつつ、生活感豊かに演出した作品。前妻と現妻を演じる山田と香川のバトル、そして森繁のダメ男ぶりが絶品である。

『標高8125メートル マナスルに立つ』

スバル座
1956年公開
監督：山本嘉次郎

日本山岳会による、ヒマラヤの未踏峰マナスルの登頂を記録したドキュメンタリー。日本人の海外渡航が限定されていた当時、盛んに作られた探検記録映画のひとつである。

スターの被り物をつけた宣伝パレード

写真右の撮影場所はグリコの看板で有名な道頓堀の戎橋、左奥に髙島屋が見える。
左は『オーケストラの少女』(P13) 上映中のスバル座の前。女性の持つプラカ
ードに「春ひらく！アメリカ映画 創立2周年記念 アニバーサリー」とあるが、
大阪の劇場でアメリカ映画の上映が戦後再開されてから2年目ということだろう。
敷島劇場や梅田グランドのプラカードもあり、洋画を上映する映画館が集まった
宣伝パレードだったと思われる。ポパイやクラーク・ゲーブルなどスター勢ぞろ
いで楽しそうだが、皆、重かったのか被り物を手で支えている。

走る映画絵看板「街頭宣伝車」

現在の映画宣伝車といえば写真でラッピングされたアドトラックが多いが、かつては車体が絵看板で装飾された宣伝車があった。美術作品のような街頭宣伝車が走る様は、街ゆく人々を魅了したことだろう。

トラック全体をヒマラヤの霊峰に

車全体がヒマラヤの山脈の形に装飾された『標高8125メートル マナスルに立つ』（P121）の街頭宣伝車。探検記録という新しいジャンルを興行成績に結びつけようという劇場側の意欲が感じられる。

戦車と切り出し看板

山田洋次が脚色・監督を務めた松竹の人気シリーズ『馬鹿が戦車(タンク)でやって来る』（1964年公開）の宣伝車は、劇中に登場する、雪上車を改造した戦車の仕様。ハナ肇ほか出演者の顔の切り出し看板も映えている。

空母艦を模した宣伝車

新鋭航空母艦クレマンソー号の隊員たちが、突然海上
に出現し放射能を撒き散らす謎の飛行物体の追跡をす
る異色のＳＦ作品『頭上の脅威』（1965年公開）の宣
伝車。空母艦を模した車体の後方には小さな戦闘機も
配されている。

『眠狂四郎無頼控 第二話 円月殺法』

新世界東宝敷島
1957年公開
監督：日高繁明
出演：鶴田浩二
（併映『続 サザエさん』）

柴田錬三郎の筆が生んだニヒルな剣士眠狂四郎は、市
川雷蔵の印象が強いが、最初に演じたのは鶴田浩二で
ある。転びバテレンの子という出生に思い悩みつつも、
最後には得意の円月殺法が炸裂する。

『美貌の都』

新世界東宝敷島
1957年公開
監督：松林宗恵
出演：司葉子、淡路恵子、宝田明
（併映『大番』）

大阪の町工場に働く美しい娘が、同僚の恋人
を捨てて裕福な副社長との交際に走るが、妊
娠したことを告げるや副社長は一転冷淡にな
る。初々しい東宝の若手スター陣を起用した
苦い恋の物語。

『憎いもの』

東宝敷島劇場／敷島シネマ
1957年公開
監督：丸山誠治
出演：安西郷子、藤原釜足
（併映『あらくれ』）

いつも実家に仕送りしてくれる親孝行の娘を
東京に訪ねていった田舎の父が、娘が売春し
ていたことを知って絶望、酔って人を殺めて
しまう。名シナリオライター橋本忍の知られ
ざる一本。

『生命の神秘』 Secrets of Life

スバル座
1957年公開
監督：ジェームズ・アルガー

ディズニーが贈る自然ドキュメンタリー・シ
リーズの第3作。微速度撮影や顕微鏡撮影を
駆使して植物の受粉や、ミツバチ、アリ、魚
やカニなど動物の生態を紹介する。

『東京上空三十秒』
Thirty Seconds Over Tokyo

千日前　スバル座看板
1957年公開
監督：マーヴィン・ルロイ
出演：スペンサー・トレイシー
　　　　ヴァン・ジョンソン

太平洋戦争で、日本本土への初攻撃となった1942年のドゥーリトル空襲に至るまでのアメリカ空軍の秘密訓練を描いた戦記映画。戦時期の1944年作品だが、日本公開は13年後となった。

『ベビイドール』
Baby Doll

千日前　スバル座看板
1957年公開
監督：エリア・カザン
出演：キャロル・ベイカー
　　　　カール・マルデン
　　　　イーライ・ウォラック

『欲望という名の電車』（P27）に続いて、エリア・カザンが再びテネシー・ウィリアムズの戯曲に挑んだ作品。わがまま放題の幼妻と製綿工場主である夫の関係は、ライバル工場の主が登場して彼女を誘惑するにつれて破滅へと突き進んでゆく。幼妻を演じたキャロル・ベイカーはアカデミー主演女優賞にノミネートされた。

『殺人者を逃すな』

常盤座
1957年公開
監督：小林恒夫
出演：木村功、三條美紀
　　　星美智子
（併映『さけぶ雷鳥』）

恩赦で牢獄を出たものの、濡れ衣を着せられたままの無実の死刑囚を、無頼派の新聞記者が調べ回り、事件の背景に裏社会の人間どもがうごめいていることに気づく。

『道』 La Strada

スバル座
1957年公開
監督：フェデリコ・フェリーニ
出演：アンソニー・クイン
　　　ジュリエッタ・マジーナ

怪力芸が取り柄の粗暴な旅芸人ザンパノと、彼に従っ
て道化を演じる純朴な娘ジェルソミーナの哀切きわま
る道行きを綴った、巨匠フェリーニの人間観察が光る
代表作。

前 134-135 ページ

『十戒』 The Ten Commandments

スバル座

1958年公開

監督：セシル・B・デミル

出演：チャールトン・ヘストン

　　　ユル・ブリンナー

旧約聖書の「出エジプト記」を基にした絢爛たる歴史
超大作。チャールトン・ヘストン演じるモーセが紅海
を左右に開き、ヘブライの民衆がエジプトから逃れて
ゆくシーンはあまりにも有名。

『殺人鬼に罠をかけろ』 Maigret tend un piège

スバル座

1958年公開

監督：ジャン・ドラノワ

出演：ジャン・ギャバン

（併映『吸血鬼ドラキュラ』）

フランス探偵小説の名キャラクター、メグレ警部をス
ターダム絶頂期のジャン・ギャバンが演じ、パリの中
心で起きた女性連続殺人事件の容疑者を淡々と追い詰
めてゆく。

『ターザンの激斗』 Tarzan's Fight for Life

東宝敷島劇場／敷島シネマ
1958年公開
監督：ブルース・ハンバーストン
出演：ゴードン・スコット
（併映『勇者の赤いバッヂ』）

ジャングルの王者ターザンが、先住民を服従させよう
とする悪の祈祷師と対決する。1918年の最初のターザ
ン映画から数えて、スコットは11代目のターザン俳優
である。

『野ばら』 Der schönste Tag meines Lebens

スバル座
1958年公開
監督：マックス・ノイフェルト
出演：ミヒャエル・アンデ

1956年のハンガリー動乱を逃れ、亡命した少年が歌の才能を買われてウィーン少年合唱団に加入する。シューベルトの「野ばら」はもちろん、数々の歌唱に彩られた作品。

『初恋』 Marjorie Morningstar

大阪松竹座
1958年公開
監督：アーヴィング・ラッパー
出演：ナタリー・ウッド、ジーン・ケリー

演劇に目覚めた18歳の少女が、偶然出会っ
たショーの演出家に思いを寄せ、やがて演劇
を諦めようとしていた彼に救いの手を差し伸
べる。『理由なき反抗』で人気を得たナタリー・
ウッドの青春メロドラマ。

『白夜』 Le Notti Bianche

スバル座
1958年公開
監督：ルキノ・ヴィスコンティ
出演：マルチェロ・マストロヤンニ、
マリア・シェル

いつまでも来ない男を橋の上でひたすら待つ
女と、彼女と心を通わせた男の短い恋を描く。
ドストエフスキーの短篇を、イタリアの港町
に移植して翻案したヴィスコンティ作品。

『風速40米』

道頓堀日活
1958年公開
監督：蔵原惟繕
出演：石原裕次郎、北原三枝
（併映『悪魔と天使の季節』）

石原裕次郎扮する建築学科の大学生が、悪徳
ライバル会社に騙されそうになった父の仕事
を完成させるため、激しい風雨をおしてビル
の突貫工事に挑む。青春映画の香りも漂わせ
つつ、ラストは豪快なアクションシーンで締
めた。

『旗本退屈男』

大阪東映劇場
1958年公開
監督：松田定次
出演：市川右太衛門
　　　片岡千恵蔵

市川右太衛門の映画出演300本を記念して作られた映
画で、戦前期からの右太衛門の当たり役である「旗本
退屈男」シリーズのうちでも、東映のオールスターに
よる豪華版である。

『太閤記』

浪花座
1958年公開
監督：大曽根辰保
出演：高田浩吉

原作は、吉川英治が戦前から書き続けてきた長大な『新書太閤記』。信長の草履番から出世し、武将として美濃に攻め入って城主となるまでの豊臣秀吉の前半生を綴る。

『若き獅子たち』 The Young Lions

大阪松竹座
1958年公開
監督：エドワード・ドミトリク
出演：マーロン・ブランド
　　　　モンゴメリー・クリフト

ナチズムに身を投じながらもその信念に疑問を持ったドイツ青年と、米軍兵士である歌手とユダヤ系青年が、ヨーロッパ戦線の片隅で出会う。大状況の中を生きる無名兵士たちに注目した戦争悲劇。

『愛を誓いし君なれば』

浪花座
1959年公開
監督：田畑恒男
出演：大木実、小山明子
　　　石浜朗、牧紀子

志摩の真珠工場の家に育った娘 2 人とひとり息子の、それぞれに訪れる人生の苦難。郷里を離れた東京でも、偶然の導きで人物たちが再びめぐり合う前後篇の大河メロドラマ。

『血斗水滸伝 怒涛の対決』

常盤座
1959年公開
監督：佐々木康
出演：市川右太衛門、片岡千恵蔵

講談や浪曲で有名な『天保水滸伝』をオールスターキ
ャストで映画化、飯岡助五郎一味の非道に耐えかねた
市川右太衛門扮する笹川繁蔵が、大利根の河原で飯岡
を血祭りに挙げる。

『新・三等重役』

東宝敷島劇場／敷島シネマ
1959年公開
監督：筧正典
出演：森繁久彌、小林桂樹
（併映『戦国群盗伝』）

『三等重役』シリーズより7年、第2シリーズの幕開け
となった源氏鶏太原作のサラリーマン映画。電機メー
カーを舞台に、新珠三千代が敏腕秘書にして社内ハラ
スメントの聞き役でもある社員を颯爽と演じている。

『灰とダイヤモンド』 Popiół i diament

スバル座
1959年公開
監督：アンジェイ・ワイダ
出演：ズビグニェフ・チブルスキ
　　　エヴァ・クジジェフスカ
（併映『熱砂の海』）

要人の暗殺を依頼されながら、誤って別人を殺害してしまった青年の破滅を描き、社会主義体制の中でみずみずしい表現を目指したポーランド映画の新世代を象徴する作品となった。

『尼僧物語』 The Nun's Story

スバル座
1959年公開
監督：フレッド・ジンネマン
出演：オードリー・ヘプバーン

看護師としてアフリカの植民地で奮闘する実在のベルギーの修道女をオードリー・ヘプバーンが熱演。シスター・ルークは大戦の中で父を失い、宗教心よりもナチとの戦いを志すようになる。

『決断』 The Hangman

東宝敷島劇場／敷島シネマ
1959年公開
監督：マイケル・カーティズ
出演：ロバート・テイラー、ティナ・ルイーズ
　　　　フェス・パーカー
（併映『バスク決死隊』）

情け容赦がなく町の人々から疎んじられた
保安官が、町の人気者だったお尋ね者を追
い詰めながらも逃してやる。名手ダドリー・
ニコルズが脚本を手がけ、『カサブランカ』
のカーティズが演出した西部劇。

『女猫』 La Chatte

スバル座
1959年公開
監督：アンリ・ドコワン
出演：フランソワーズ・アルヌール
　　　ベルナール・ブリエ、ベルンハルト・ヴィッキ
（併映『私の体に悪魔がいる』）

『フレンチ・カンカン』と『ヘッドライト』で日本での人気が爆発したフランソワーズ・アルヌールが主演。対独レジスタンスに従事しながら、そうとは知らず敵の将校に恋した悲劇の女を演じる。

『壮烈第六軍！ 最後の戦線』 Hunde, wollt ihr ewig Leben

スバル座
1959年公開
監督：フランク・ウィスパー
出演：ヨアヒム・ハンセン、
　　　ヴォルフガング・プライス
　　　ソーニャ・ツィーマン

第二次世界大戦のスターリングラード攻防戦をドイツ
軍の立場から描いた戦記映画。従軍体験をもとにした
脚本は、ヒトラーの降伏拒否命令を受けたドイツ軍の
苦しみを容赦なく描く。

『狂乱のボルジア家』 Les Nuits de Lucrèce Borgia

スバル座

1959年公開

監督：セルジオ・グリエコ

出演：ベリンダ・リー

　　　　ジャック・セルナス

ルネサンス期イタリアを象徴する支配者ボルジア家の物語は幾度も映画化されているが、本作は美貌と才智に長けたルクレツィア・ボルジアを軸に、男たちの剣劇が繰り広げられる娯楽作。

『わたしを抱いて』 Chaleurs d'été

スバル座
1959年公開
監督：ルイ・フェリックス
出演：ミシェル・バルディネ
　　　ヤーヌ・バリー
　　　パトリシア・カリム

伯父の遺産であるぶどう園の相続のためパリから南仏へやってきた伊達男に、働き者の小作人の娘と肉感的な馬商人の娘が想いを寄せ、やがて男をめぐる争いに発展する。

前154-155ページ

『日本誕生』

東宝敷島劇場／敷島シネマ
1959年公開
監督：稲垣浩
出演：三船敏郎、司葉子

東宝映画1000本記念作品。『古事記』に材を採り、ヤマトタケル役の三船敏郎ほか東宝のスター総出演で実現したスペクタクル超大作で、新技術「バーサタイル・プロセス」を用いた画面合成など、東宝特撮陣の実力も遺憾なく発揮された。

『花の幡随院』

浪花座
1959年公開
監督：大曽根辰保
出演：松本幸四郎、津川雅彦

歌舞伎や講談に取り上げられ、映画でも『大江戸五人男』の阪東妻三郎の名演で知られる、実在の町奴の親分幡随院長兵衛の生きざまと、対立する水野十郎左衛門の奸計で殺されるまでを描いた松竹京都作品。

『一心太助 男の中の男一匹』

常盤座
1959年公開
監督：沢島忠
出演：中村錦之助

若き中村錦之助の当たり役のひとつ、「一心太助」シリーズの第3作。新婚の太助が、仲人も務めてくれた大久保彦左衛門の死を乗り越えて、魚河岸に伸びる魔の手を跳ねのける。

『宇宙大戦争』

東宝敷島劇場／敷島シネマ
1959年公開
監督：本多猪四郎
出演：池部良
　　　安西郷子

月の裏側に基地を作り、あらゆる物質を浮遊させる冷却線で地球侵略を狙うナタール人と、それを熱線砲で迎え撃つ地球人の戦いを描いた東宝得意の特撮SF映画。

『サザエさんの脱線奥様』

東宝敷島劇場／敷島シネマ
1959年公開
監督：青柳信雄
出演：江利チエミ

江利チエミ主演の「サザエさん」シリーズ第7作。急な出張を命じられたマスオを追ってサザエも大阪に行くという物語で、脱線トリオ、中田ダイマル・ラケットなど東西のコメディアンが助演している。

『晴れ姿勢揃い 剣侠五人男』

浪花座
1959年公開
監督：渡辺邦男
出演：高田浩吉

長崎奉行と結託し、江戸で酒池肉林の大騒ぎをする豪商のかつての悪行を、高田浩吉演じる目明かしたちが暴いてゆくオールスターキャストの正月映画。

『パイナップル部隊』

浪花座
1959年公開
監督：内川清一郎
出演：杉浦直樹

ハワイで招集され、日本を経由して朝鮮戦争に送られた日系二世アメリカ人青年の体験を綴った手記が原作。著者のロバート本郷も主演のひとりとなった戦争群像劇。

『人間の條件 第3部・第4部』

浪花座
1959年公開
監督：小林正樹
出演：仲代達矢、新珠三千代

五味川純平の長大な原作をもとに、戦争という巨大な
マシーンの中であがき、やがて斃れてゆく青年の運命
を描いた日本映画史上の不朽の名作。全6部、上映時
間約9時間半のうち、この第3部・第4部では監督小
林正樹も経験した厳寒の満洲での任務や、ソ連軍との
希望なき死闘が描かれる。

『全員射殺』 The Purple Gang
（みなごろし）

東宝敷島劇場／敷島シネマ
1959年公開
監督：フランク・マクドナルド
出演：バリー・サリヴァン
（併映『グランド・キャニオンの対決』）

1920年のアメリカはデトロイトを舞台に、マフィアと
も結託して勢力を増すギャング一味と、その一掃に乗
り出した警察の死闘を、戦いの中で妻を失ったひとり
の刑事を軸に描く。

『リオ・ブラボー』 Rio Bravo

スバル座

1959年公開

監督：ハワード・ホークス

出演：ジョン・ウェイン、ディーン・マーティン

殺人犯の身柄を確保した保安官が、数少ない
味方とともに、犯人の兄の一味が仕組んだ街
の封鎖と襲撃を跳ね返す。監督ホークス自身
が「本物の西部劇」と呼んだ痛快な一篇。

『三十九階段』 The 39 Steps

スバル座

1959年公開

監督：ラルフ・トーマス

出演：ケネス・モア、タイナ・エルグ

（併映『殴り込み海兵隊』）

国際スパイ団の巨大な陰謀に巻き込まれてし
まった青年が、難局に立ち向かってゆく。ジ
ョン・バカンの名作推理小説の、アルフレッ
ド・ヒッチコック監督作（『三十九夜』）に次
ぐ映画化。

『ザイラーと12人の娘 白銀は招くよ！』
12 Mädchen und 1 Mann

スバル座

1959年公開

監督：ハンス・キェスト

出演：トニー・ザイラー、マルギット・ニュンケ

オーストリアのプロスキーヤー俳優として活
躍、この映画のヒットや松竹映画『銀嶺の王
者』（1960年）の主演などで日本でも熱狂的
なファンを生んだザイラー。冬の小さな村で
起きた偽の盗難事件を解決した警官が、さら
に本物の窃盗団を一網打尽にする。

『風雲児 織田信長』

常盤座
1959年公開
監督：河野寿一
出演：中村錦之助、香川京子

山岡荘八の小説『織田信長』をもとに、父の葬儀で焼香を仏前に投げつけた有名なエピソードから、今川義元の率いる大軍をはね返し、桶狭間で勝利するまでの青年信長をヒロイックに描く。

『野火』

アシベ劇場
1959年公開
監督：市川崑
出演：船越英二、滝沢修、ミッキー・カーチス
（併映『総会屋錦城 勝負師とその娘』）

フィリピン・レイテ島での戦闘体験を持つ大岡昇平の同名原作の忠実な映画化。原野をさまよいながら、飢餓の果てに戦友の肉を喰らうしかなかった日本軍兵士の極限の生に迫った。

『ひばり捕物帖 ふり袖小判』

常盤座
1959年公開
監督：内出好吉
出演：美空ひばり、東千代之介

奪われた五万両の御用金をめぐって、ひばり演じるお七と飲んだくれ浪人兵馬が活躍する軽快な時代劇ミステリー。冒頭シーンでのひばりの七変化も見どころ。

Interview　元映画看板絵師たちの記憶（２）

切り出し看板の作り方

——俳優やキャラクターが切り抜かれた巨大な看板も多いですね。

松原：切り出し看板というのは、ベニヤ板を下書きの輪郭にそって切り抜いて、骨組みをつけてから絵を描いたもので、立体感を出すのに効果的なんです。はじめは糸鋸を使って切ってましたが、鋸が上下に動く電動の糸鋸を使うようになりまして、「ミシン鋸」と呼んでました。

伊藤：大工さんがやりはるんですけどね。絵描きさんがベニヤ板に丸なら丸とか、赤線でここで切ってくださいというのを入れるんです。そうするとその通り切ってくれる。大きいものやと２人で持って切るときもありました。中筋先生が、こういう造作を考えるのがものすごい上手やったんです。

貴田：ほんまによう

けやったなぁ。切り出しをはじめに作り出したのが、うちやという話を聞いたことがあるわ。ベニヤ板は、ラワンやシナを使ったな。

松原：シナのベニヤ言うて。これはねぇ、ものすごくええんですよ、真っ白で表面はサラサラ。そら綺麗でした。だけどその当時そんなもん高こうてなかなか買えなかった。だから松とかね、ブナとか、ラワンが出てきたね、あれは目が粗うてね。

伊藤：ラワンなんかは粗いから絵の具が中に染み込んでしまうでしょ。

松原：だから下地を作らなあかんようになってきよる。で、松のベニヤは躍りよるんですよ。時間が経ってきたら乾燥して、まともな形してないんです。あれは大変でしたよ、節はあるしね。

　絵描いてるだけやないんですよ、もう下地はせないかんし、看板替え言うたら行かなあかんしね、何もかもやったですよ。「絵描きやー」言うて納まってる人は誰もおらんかった。

　俳優の目や口が、板をつなぎ合わせる切れ目にかからないように、板のどのあたりに描くかは、工夫のしどころです。切り出しでベニヤ板の枚数を節約するために、絵によっては俳優の肩をちょっと狭くしたり、髪型を少しだけいじったりもしました。

伊藤：そんなに高価やないのにね、たんにケチやったんやね（笑）。

松原：お正月はどの映画館も、スター俳優の顔を切り出しに描いたのを、ズラーッと外側に並べるんです。それがもう大量にあって、わたしら描くのん、めちゃくちゃ早かったですよ。

写真上：『シンデレラ姫』（P25）の大きな切り出し
看板。通りを歩く人と比べるとその大きさがわかる。
写真左：字書きや切り出し、造作物を得意とした中
筋耕作氏。不二夫の実弟

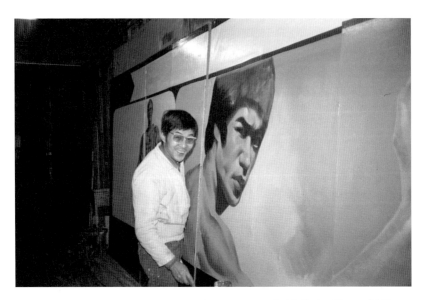

ブルース・リーを描く伊藤氏。看板は通常何枚もの
キャンバスにまたがるが、顔など重要なパーツは、
繋ぎ目にこないように気をつけて配する

　そういえば、俳優の顔を描くのに、どれぐらいの時間で描いてるか、出口さん
と一緒に時間を測ってみたことがあるんです。もちろん俳優の顔やら大きさにも
よりますが、すでに背景や衣装まで描いてある段階から始めて1つの顔を仕上げ
るのに、30〜40分でした。

"動く"絵看板

——自動車全体が看板になったもの（P124）や、ものすごく凝ったつくりの看
板もありますね。

伊藤：一番ひどかったんが、『ゴジラ』（1954年）の看板を作ったとき。ゴジラ
の手が上下にギャーと動くように作って。不二夫先生のお兄さんがたしか自動車
関係の仕事したはって、作らはったんです。僕らは機械のことわかりませんやん
か？　で、いっこも動かへんで、動いたらすぐ潰れてもうて、そのうちに歪んで

きて、ベニヤ板の手が（笑）。で、またそれやり直して。なんでか、お兄さんが来はったときには動くんですわ。帰らはったらまた止まる（笑）。ガリガリガリーッて当たって、全部潰れてしもて、手が。苦情が来て無茶苦茶なって。毎日のように電話かかってきた（笑）。

その頃はまだ本当に1回目のゴジラですわ。ものすごい力が入ってたんですよ、劇場もね。そういう動くもんを、やってみたいという願望あったんでしょうね。あれは慌てて描き直して、それからは動かんように固定して（笑）。映画館の屋上です。庇の上ね、東宝敷島の。

貴田：往生したがな、直しに行くんで（笑）。そういえば回転するやつもあったな。三角塔をこしらえて、それを並べてね、電動で回すんですよ。絵が3つあって、回したら同時にパッと変わるはずやのに、三面きれいに合わへんわけや。たしか『クォ・ヴァディス』ちゃうかったかな、スバル座で。よう直しに行ってましたわ（笑）。

松原：三面が同じように回ってくれたらええねんけど、カタッと角がね、当たるんですよ。

伊藤：恥ずかしくて写真撮られへんかったんやろな、そういう看板の写真は全然残ってへん（笑）。ほかに仕掛けゆうたら、ほんまに水の出る噴水もありましたね、あれは傑作やったです（P224『世界の夜』）。『キングコング対ゴジラ』（P246）のときは、看板の下にペダルがあって、足で踏むと怪獣の手が動くようになってました。あれは壊れませんでしたね。

貴田：スバル座の『マイ・フェア・レディ』（P262）は、設営にものすごいお金がかかった。当時で600万円やったと記憶してる。あれは親父（不二夫）がペンキを薄ーく伸ばしながら描いたんやけど、上手に描いてあったな。アクリル板に描くやんか、よっぽど薄めんと、後ろからの照明で絵が黒くなってしまうわけや。今やったら写真でパッといけんねんけどな。あの電飾の設備はそのあとにも残して、他の映画にもよく使ったな。

看板運びと設営

——出来上がった看板は、映画館までどのように運んでいたんですか？

松原：洋画は1カ月ぐらい続けて上映するときもあったけど、日本映画は1週間で次の映画に変わる。そのたびに看板を替えないといけなかった。

伊藤：出来上がった看板は、「横付け」という自転車の横にリヤカーの片面をつけたような乗り物（P79）に取り付けて運びます。畳屋さんと同じですね。納品用の自転車は2台ありました。ほとんどの映画館は工房のすぐ近くやったんで、行くのに時間はかかりませんでしたよ。映画のハネる（上映終了する）日は、最終回の上映中に行って、翌日からの上映作品の看板と取り替えます。

　だんだんオート三輪や昔のミゼットみたいな車を使うようにもなったけど、千日前とか道頓堀はね、夜の12時過ぎるまで車が入られへんのですよ。いつも12時を回ってそっから朝の4時まで、車の入れるときだけ。だから取り替えるのは

絵看板を運ぶ「横付け」自転車と不二工芸の社員たち。
左から2人目が出口氏、3人目が松原氏、右端が貴田氏

大変やったですよ。僕らの時代は社内にいる大工さんとかね、そんな人が基本的に運んで足場作って、僕らはサブで看板上げろとかそれ持てとか言われてね。

　一番忙しかったのがゴールデンウィーク、盆、正月。書き入れ時でしたわ。特に「初出し」というのがあって、いつもの看板以外に、ベニヤ板で切り抜いた絵を劇場いっぱいに立てるんです。高さが4、5メートルの作品もありましたね。取り付けも大変で、大工さんも総出で、夜明けまでかかります。

——お正月は特に慌しそうですね。

伊藤：お正月映画は各劇場ともすごく賑わうんです。看板スター総出の顔を切り出しで描いて、劇場の屋上いっぱいに飾ります。真ん中には必ず「賀正」の文字。これが上がれば看板屋の1年の終わりとなります。でも社に戻ったら、新年の3日から上映する作品の仕事が待ってるんです。労働基準法なんか、まったく関係なかったもん。今やったらヤバいですよね（笑）。まぁ別にせんでいいときはせんでいいし。切り出しの設置だけはとんでもない時間がかかるもので、それはもう、朝までかかります。何て言うか、時間考えて、時給考えてってやったら絶対でけへん仕事かな（笑）。面白いからやってるんでしょうねぇ。義務では無理やねあれ。

松原：新春の上映は年末から始まります。師走は皆さん忙しいから、映画館はガラガラ。スター勢揃いの「賀正」の看板は、年末に上げるんです。

　そして新春第二弾の映画は、1月3日にいっせいに上映を開始する。だから元日の1日だけは仕事を休めましたけど、初出勤はいつも2日。その日の夜に掛け替えがあるから、必ず徹夜か夜中までの仕事になる。みんなが新年で酒飲んで顔を赤くしてんのに、仕事仕事で、ほんまに年末年始は毎年キツかった。

　そもそも一年中、仕事に定休日なんかなかったもんなぁ。仕事があったら来て、やる。それだけやった。昭和33年の日記には「4月29日から40時間ぶっ続けで仕事」と書いてある。でもこの年に（不二夫）先生から「各劇場が最近の看板は絵がいいと話してくれる。ハナが高い、これからもがんばれ」と話がありましてね。うれしかったなぁ。

　徹夜なんかは当たり前。終電逃したら工房の上の部屋で寝た。よく近所の銭湯で朝風呂に入ったなぁ。そんで木村屋のパン屋で焼きたてのあんパンを買うねん（笑）。あれはおいしかったなぁ！

伊藤：あの頃はね、今と違って消防法もないから映画館も客を詰めるだけ詰める。

正月なんか、行っても観られへんのですよ、映画が。あふれてたいうもんじゃなくてね、そこのドアの中へ入れたら幸せなぐらい。見えないです、それでも客入れたんです。スクリーンの一番前にいても何も見えへん。通路は通路で皆座るし。

松原：そんだけ入ったんですよ、お客さん。わしらの看板見て入ってくれたんです。

——設営で大変だったことはありますか？

貴田：設営いうたら、台風のときは大変やったな、いつ飛ばされるかわからんときでも下ろしにいかなあかん。台風が過ぎたらまた設営し直さなあかんかった。不二工芸は2回火事にあったけど、そのときも大変やった。間に合うように、大急ぎで新しく描かんとあかんかった。看板を上げないわけにいかへんもんね。

伊藤：スバル座でありましたわ。警察から言うてこられて、きれ（布）を描きに行ったことを覚えてますわ。何の映画か忘れたんですけどね、洋画です。要するにね、切り出しのヌードがポンとスバル座の真ん中に立ってて、一般人からのクレームが来てそこに布を掛けろと言われて。僕らにしてみたら大したことないと思うんやけど、クレームが来たから無粋な布を描いて、たすき掛けに。でもあの後ね、ヌードより布かぶせた方がいやらしい言われたんですよ、逆にね（笑）。

松原：常盤座の設置が大変やったなぁ。建物の角にアールがかかってんねん。曲線に沿わせるように、キャンバスを凧のようにしてあげました。

伊藤：ハシカン（端館）と呼んでいた、ちょっと離れた映画館なんかは、絵を取りに来はるんですよ。枠を作っておいて、そこの隅に糊を付けて浮かし張りにして描く。絵を描いた後に、端を切ってはがす。その出来上がった絵を丸めて持って帰らはるんですよ、電車で。それで向こうで自分で貼りはるんです。

岸本：初めての設営で、伊藤さんに「行くで」と言われて行ったら、高いところの丸太現場でした。伊藤さんは、いつも仕事中に履いてる木の便所下駄（旅館のトイレによくあったもの）、僕はビーチサンダル。こわくて震えました。その後、丸太の足場に登るときは、必ずズック靴で行くことにしました。

伊藤：みんな、ぞうりで命綱もなしに高いとこに登って。ようやったわ（笑）。けど事故は一度もなかったなぁ。

※「元映画看板絵師たちの記憶（3）」に続く（→P264）

第3章　昭和30年代の映画絵看板 ②

1960 – 1964

前174-175ページ

『暗黒街の対決』

東宝敷島劇場／敷島シネマ
1960年公開
監督：岡本喜八
出演：三船敏郎、鶴田浩二
（併映『侍とお姐ちゃん』）

刑事とやくざに扮する三船敏郎と鶴田浩二、2大スター共演で男同士の友情と対決を描く。前年、『暗黒街の顔役』を大ヒットさせた岡本喜八が引き続きメガホンをとり、スピーディな展開と迫力のある活劇を演出した。

『旗本退屈男 謎の幽霊島』

常盤座
1960年公開
監督：佐々木康
出演：市川右太衛門

退屈男シリーズの26作目。全30作すべてを市川右太衛門が主演している。「退屈で仕方ない」が口癖の主人公が、三日月傷と秘剣・諸羽流青眼崩しをひっさげ長崎出島に登場、暗黒街の巨頭を相手に颯爽たる活躍をみせる。

『女が階段を上る時』

東宝敷島劇場／敷島シネマ
1960年公開
監督：成瀬巳喜男
出演：高峰秀子、仲代達矢
（併映『新・三等重役 旅と女と酒の巻』）

高峰秀子扮する夫に先立たれたバーの雇われマダ
ム・圭子と、圭子を取り巻く男たちとの行き場の
ない交流を描く。階段を上る動作で感情を演じ分
ける高峰が見事。高峰は衣装も担当。兄役・織田
政雄の情けなさが絶品。

『ハワイ・ミッドウェイ大海空戦　太平洋の嵐』

東宝敷島劇場／敷島シネマ
1960年公開
監督：松林宗恵
出演：夏木陽介、佐藤允

真珠湾攻撃からミッドウェイ海戦までの太平洋戦争史
を、東宝オールスターキャストと円谷英二による特撮
で描いたスペクタクル超大作。円谷の特撮シーンは、
のちにハリウッド映画『ミッドウェイ』にも使用された。

『新・三等重役 当るも八卦の巻』

東宝敷島劇場／敷島シネマ
1960年公開
監督：杉江敏男
出演：森繁久彌
（併映『ハワイ・ミッドウェイ
　　　大海空戦 太平洋の嵐』）

源氏鶏太が「サンデー毎日」に連載した小説の映画化。前作の映画化で人気を得た森繁久彌を主役とした物語で、新・シリーズ全4作の3作目。「世界電機工業株式会社」の社運を次々と占う宇宙先生を加東大介が演じている。

『娘・妻・母』

東宝敷島劇場／敷島シネマ
1960年公開
監督：成瀬巳喜男
出演：原節子、高峰秀子
（併映『サラリーマン御意見帖 出世無用』）

ある家族が、金や老母の身寄りをめぐって崩壊していく過程を容赦なく描く、成瀬映画の真骨頂。超豪華オールスターキャストを見事に整理し、ラストまで見せ切る成瀬の手腕が見事。三益愛子と杉村春子の共演も見もの。

『番頭はんと丁稚どん』

浪花座
1960年公開
監督：酒井欣也
出演：大村崑、芦屋雁之助
（併映『銀嶺の王者』）

同名のTVシリーズが人気を博し、松竹製作のもと映画化された。大阪船場、道修町にある薬問屋・七ふく堂、そこで丁稚奉公に励む3人の丁稚と彼らの親代わりの番頭を中心に巻き起こる出来事をコミカルに描く人情喜劇。

『女の坂』

浪花座
1960年公開
監督：吉村公三郎
出演：岡田茉莉子、佐田啓二
（併映『白い牙』）

京女たちの哀歓を綴った澤野久雄（代表作『夜の河』）の原作を映画化。新藤兼人が脚色、吉村公三郎が『夜の河』に続き演出。京銘菓の老舗を相続することになった関東出身の主人公を、岡田茉莉子が快活に演じている。

『壮烈新選組 幕末の動乱』

常盤座
1960年公開
監督：佐々木康
出演：片岡千恵蔵、大川橋蔵

片岡千恵蔵演じる近藤勇を中心に、幕末の動乱期に活躍した新選組の勇姿を豪華キャスト陣の迫力の演技で展開する東映の娯楽大作。白井喬二の原作をもとに、池田屋襲撃をはじめお馴染みのエピソードが繰り広げられる。

『イエローストン砦』 Yellowstone Kelly

東宝敷島劇場／敷島シネマ
1960年公開
監督：ゴードン・ダグラス
出演：クリント・ウォーカー
　　　　エドワード・バーンズ
（併映『タラワ肉弾特攻隊』）

ワーナー製作のTVシリーズ『シャイアン』（1955〜
1962）で主役を演じて人気スターとなったクリント・
ウォーカーが孤高のヒーローを演じた西部劇。スー族
と白人の攻防戦の狭間で、戦闘を回避させようと奔走
する姿を描く。

『ベニスと月とあなた』 Venezia, la luna e tu

スバル座
1960年公開
監督：ディノ・リージ
出演：アルベルト・ソルディ
　　　マリサ・アラーシオ

水の都ヴェネチアのゴンドラ漕ぎを主人公にしたイタ
リア式結婚喜劇。恋人をさしおいて美しい観光客を乗
せると甘い言葉をかけてしまう主人公を、イタリアを
代表する喜劇俳優アルベルト・ソルディが演じている。

『夜を楽しく』 Pillow Talk

スバル座
1960年公開
監督：マイケル・ゴードン
出演：ドリス・デイ
　　　ロック・ハドソン

原題の「ピロートーク」の通り、主演2人の電話越し
の会話を軸に分割画面で展開される。同じアパートの
共同回線が混線するトラブルから始まる恋愛喜劇。ド
リス・デイとロック・ハドソンのコンビは本作の後も『恋
人よ帰れ』『花は贈らないで！』と続く。レネー・ゼル
ウィガーとユアン・マクレガー共演の『恋は邪魔者』
（2003年）には本作へのオマージュが随所にみられる。

『ベン・ハー』 Ben-Hur

東宝敷島劇場／敷島シネマ
1960年公開
監督：ウィリアム・ワイラー
出演：チャールトン・ヘストン
　　　スティーヴン・ボイド

ローマ帝国時代のユダヤ人貴族ベン・ハーの数奇な半生に、イエス・キリストの生涯を交差させて描いた壮大なスペクタクル史劇。作品賞、監督賞、主演男優賞をはじめ、アカデミー賞史上最多の11部門を受賞した。

映画全盛期 千日前シネマラビリンス

　昭和35年お正月。

　小学生の私は映画好きな叔母に連れられて、なんば高島屋の前に来ている。明日で終わる『宇宙大戦争』（東宝特撮）をどうしても観たかったのだ。

　ガタゴトと鳴る市電の音もかき消す人の波、叔母の手をしっかり握りしめながら道路を渡り、「大劇通商店街」に入っていく。右側には「千日前グランド」が見える。人混みに揉まれながら、私はいつしか千日前映画街の迷宮に迷い込んでいった。

　大劇通を抜けると、大阪劇場（通称・大劇）、その向かいが「東宝敷島劇場」、晴着姿で行き交う人の頭越しに鮮やかな色の絵看板が見える。円盤や宇宙人それを迎え撃つ地球防衛軍、宇宙大戦争の文字が眼に飛び込んでくる。おとな向けの『サザエさんの脱線奥様』と2本立てだ。隣の洋画専門館「敷島シネマ」、お正月でも唯一開いている千日デパート前の「アシベ劇場」、向かいの常盤座『少年猿飛佐助』（東映動画）も気になる。絵看板で飾られた映画館がひしめき合う、そう、ここは千日前シネマラビリンスなのだ。

　正月特有の空気感につつまれて、私の胸の高鳴りは最高潮に達している。やっと劇場に入ると、上映中の映画が終わるのを待つ親子連れでいっぱいだ。叔母はかまわず私の手をぐいぐい引っ張って中へ入っていく。映画が終わらない間に空く席を狙うという映画好きな叔母一流の技なのだろう。

運よく席が空く。私は、映画をみて笑っている叔母を見ながら、映画館の闇の中で、ひたすら『宇宙大戦争』を待つ。

　休憩をはさみ、開演ブザーの音とともにスクリーンの幕が開く。

　いよいよ、自分だけの夢のような映画がはじまる。

　あの映画、この映画、映画館がひしめき合っていた遠い記憶の街。

　もう一度、あの時代の映画館でスクリーンと一体化する人たちとともに映画を観たい。

　記憶のピースで埋めていくタイムスリップマップは、失われたシネマラビリンスの世界へ私を誘ってくれるのである。

アシベビル　　　　　　　　　　　　　　　　　　千日デパート

アシベ劇場

常盤座

大阪劇場
（大劇）

大劇名画座

千日前通から南側の記憶風景

大劇の前には東宝敷島劇場、敷島シネマがあり、大劇前の「大劇
通商店街」を入ると弥生座、千日前グランド劇場がある。大劇の
隣が千日会館。大劇の東南には新オリオン座とオリオン座。大劇
前の通りの突き当たりにある道具屋筋には千日前セントラルがあ
る。千日デパートの南向かいには国際地下、国際日活、国際シネ
マ。そして、千日前通を北側に渡ったすぐ左にスバル座があり、
この一帯は多くの映画館がひしめき合う劇場街だ。

タイムスリップマップ〈千日前北側〉 昭和35年 正月

戎橋劇場〈日活系上映〉

『男が命を賭ける時』
『青春を吹き鳴らせ』

戎橋

中座
2日から花梢会初春公演
市川寿海 他

松竹座〈洋画上映〉

『メリーディア号の難破』

□ グリコの看板

道頓堀商店街

くいだおれの
看板

喫茶アメリカン
現存するレトロモダ
デザインの純喫茶

ナンバー番
ザ・タイガースやザ・ス
パイダースなどが出演し
た伝説のジャズ喫茶。昭
和34年12月26日は平尾
昌晃が出演

法善寺横丁

法善寺
□

御堂筋

竹林

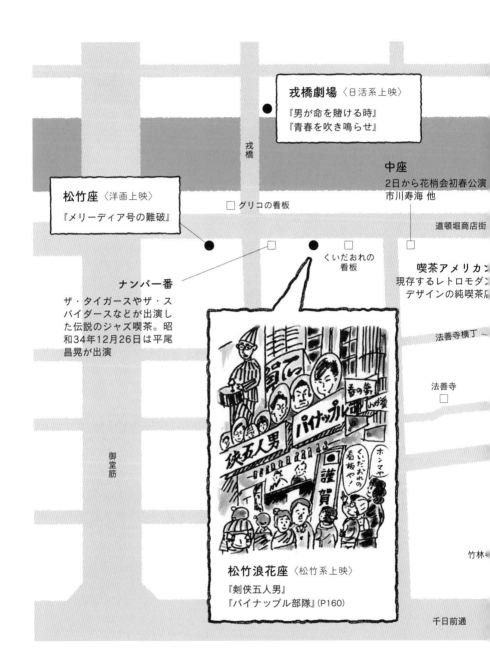

松竹浪花座〈松竹系上映〉

『剣侠五人男』
『パイナップル部隊』(P160)

千日前通

道頓堀川

□　文楽座
人形浄瑠璃初春興行

●　大阪東映劇場、
大阪東映地下劇場〈東映系上映〉

『少年猿飛佐助』
『旗本退屈男　謎の幽霊島』(P176)

□
角座
初笑いは角座から――。
桂春団治（落語）
川上のぼる（腹話術）他

田作之助の小説『夫婦善哉』や
島桓夫の演歌「月の法善寺横丁」
知られている

総合喫茶オランダ
個室喫茶の草分け

スバル座　〈洋画上映〉
『白銀は招くよ！』

タイムスリップマップ〈千日前南側〉 昭和35年 正月

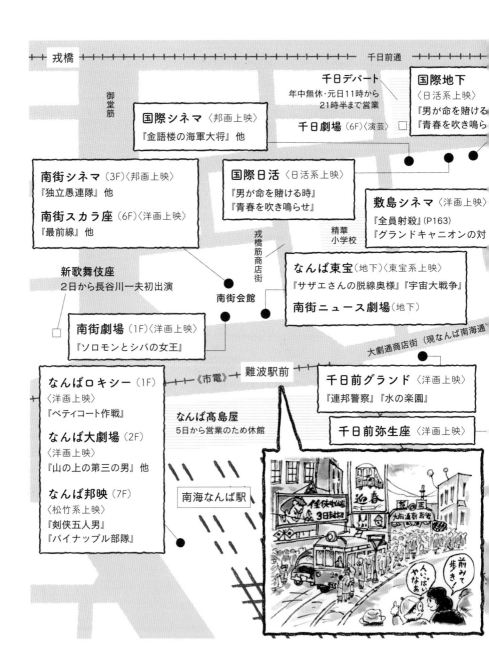

戎橋　千日前通

御堂筋

千日デパート
年中無休・元日11時から
21時半まで営業

国際シネマ〈邦画上映〉
『金語楼の海軍大将』他

千日劇場（6F）〈演芸〉

国際地下
〈日活系上映〉
『男が命を賭ける
『青春を吹き鳴ら

南街シネマ（3F）〈邦画上映〉
『独立愚連隊』他

南街スカラ座（6F）〈洋画上映〉
『最前線』他

国際日活〈日活系上映〉
『男が命を賭ける時』
『青春を吹き鳴らせ』

敷島シネマ〈洋画上映〉
『全員射殺』（P163）
『グランドキャニオンの対

戎橋筋商店街

精華
小学校

新歌舞伎座
2日から長谷川一夫初出演

南街会館

なんば東宝（地下）〈東宝系上映〉
『サザエさんの脱線奥様』『宇宙大戦争』

南街ニュース劇場（地下）

南街劇場（1F）〈洋画上映〉
『ソロモンとシバの女王』

大劇通商店街（現なんば南海通

なんばロキシー（1F）
〈洋画上映〉
『ペティコート作戦』

《市電》　難波駅前

千日前グランド〈洋画上映〉
『連邦警察』『水の楽園』

なんば大劇場（2F）
〈洋画上映〉
『山の上の第三の男』他

なんば髙島屋
5日から営業のため休館

千日前弥生座〈洋画上映〉

なんば邦映（7F）
〈松竹系上映〉
『剣侠五人男』
『パイナップル部隊』

南海なんば駅

千日前 ┼┼┼┼┼┼┼┼┼┼┼┼┼┼┼┼┼┼┼┼┼┼┼┼┼┼┼┼┼┼┼┼ 《市電》

アシベ劇場〈大映系上映〉

『初春狸御殿』
『関の弥太っぺ』

常盤座〈東映系上映〉

『少年猿飛佐助』
『旗本退屈男　謎の幽霊島』

千日前商店街

千日会館

東宝敷島劇場〈東宝系上映〉

『サザエさんの脱線奥様』
『宇宙大戦争』（P158）

大劇名画座〈洋画上映〉

『掟』
『輝くアルプスの山々』

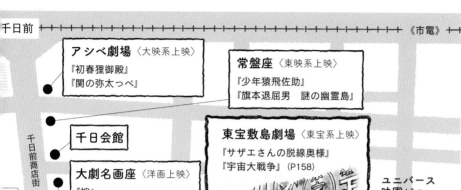

ユニバース
味園ビル

日本最大のキャバ
レーといわれた

大阪劇場（大劇）

『唄と笑いの新春豪華船』〈実演〉
『剣侠五人男』〈松竹映画〉

（左）**オリオン座**〈洋画上映〉

『或る殺人』『わらの男』

（右）**新オリオン座**〈洋画上映〉

『自殺への契約書』『女猫』

不二工芸
（お正月は大忙し）

千日前セントラル〈洋画上映〉

『アンネの日記』
『私の体に悪魔がいる』

前194-195ページ

『太陽がいっぱい』 Plein Soleil

スバル座
1960年公開
監督：ルネ・クレマン
出演：アラン・ドロン
　　　マリー・ラフォレ

パトリシア・ハイスミスの小説を映画化。イタリアに大富豪の息子を連れ戻すためにやってきた青年トム・リプリーは、彼を殺して財産を奪い取る完全犯罪を思いつく。当時は無名だったアラン・ドロンの出世作となった。

『ひと夏の情事』 Une fille pour l'été

スバル座
1960年公開
監督：エドゥアール・モリナロ
出演：パスカル・プティ
　　　ミシェル・オークレール
（併映『狂った夜』）

南仏の別荘を舞台にしたひと夏の恋物語。パスカル・プティ演じる若い女性が年上の男を好きになる。サガン原作の『悲しみよこんにちは』同様、このバカンス映画の終わりにも乗り物事故という悲愴な結末が待っている。

『大爆破』 Guns of the Timberland

東宝敷島劇場／敷島シネマ
1960年公開
監督：ロバート・D・ウェッブ
出演：アラン・ラッド
　　　ジーン・クレイン
（併映『西部の最終列車』）

19世紀末、森林地帯を伐採しながら移動を続ける
木こりと、かつて伐採が原因で水害に遭い、その
土地に住めなくなった住人との対立を描いた西部
劇。主演は『シェーン』のシェーン役で一躍有名
になったアラン・ラッド。

『戦争 はだかの兵隊』 La grande guerra

スバル座
1960年公開
監督：マリオ・モニチェリ
出演：アルベルト・ソルディ
　　　ヴィットリオ・ガスマン

第一次世界大戦の前線で戦う兵士たちに起こる悲劇を
コメディタッチで描く。前科者と衛生兵、2人のイタ
リア兵が主人公で、マドンナ役はシルヴァーナ・マン
ガノが演じた。ヴェネチア国際映画祭で金獅子賞を受
賞。

『戦略爆破部隊』 The Mountain Road

東宝敷島劇場／敷島シネマ
1960年公開
監督：ダニエル・マン
出演：ジェームズ・スチュワート
（併映『必殺の連発銃』）

第二次世界大戦中の1944年、華中戦線で米軍機動部隊のボールドウィン少佐は、日本軍阻止のため軍事施設爆破を命ぜられる。柳州飛行場から貴陽まで500マイルの爆破行を描いた戦争映画。

『野郎！拳銃で来い』 Destry

東宝敷島劇場／敷島シネマ
1960年公開
監督：ジョージ・マーシャル
出演：オーディ・マーフィ
（併映『壮烈第一海兵隊
　　　向う見ず海兵隊』）

『砂塵』三度目の映画化。ジェームズ・スチュワートと
ディートリッヒの主演作の監督が15年後に再び本作を
手がけた。射撃の名手だが銃を持たない読書好きの主
人公が、思いもよらぬ方法で悪党を追い詰めていく。

『カルタゴ』 Cartagine in fiamme

スバル座（ニューＯＳ劇場看板）
1960年公開
監督：カルミネ・ガローネ
出演：ホセ・スアレス
　　　　アン・ヘイウッド

第三次ポエニ戦争によって没落した都市国家カルタゴを舞台にしたイタリア産史劇。スペイン出身のホセ・スアレス、仏出身ダニエル・ジェランとピエール・ブラッスール、英出身アン・ヘイウッドと国際色豊かな出演陣。

『悪魔の弟子』 The Devil's Disciple

東宝敷島劇場／敷島シネマ
1960年公開
監督：ガイ・ハミルトン
出演：バート・ランカスター
　　　　カーク・ダグラス
（併映『成層圏脱出』）

原作はバーナード・ショウの戯曲で独立戦争を背景に
した作品。牧師をバート・ランカスター、英軍将校を
ローレンス・オリヴィエ、"悪魔の使徒"を自称し、忌
み嫌われている無法な男をカーク・ダグラスが演じて
いる。

『西部に賭ける女』 Heller in Pink Tights

東宝敷島劇場／敷島シネマ
1960年公開
監督：ジョージ・キューカー
出演：ソフィア・ローレン
　　　アンソニー・クイン

旅芸人一座の看板女優にソフィア・ローレンが扮し、
借金を背負った劇団の命運と彼女をめぐる色恋沙汰が
コミカルに描かれる。女優の魅力を最大限に引き出す
名手、ジョージ・キューカーが演出を手がけた異色西
部劇。

『マラソンの戦い』 La battaglia di Maratona

スバル座
1960年公開
監督：ジャック・ターナー
出演：スティーヴ・リーヴス
　　　ミレーヌ・ドモンジョ
（併映『怒りの丘』）

ペルシャ軍の侵攻を知ったギリシャの若者が、情報を伝えるためアテネまでの長い距離を走破する。マラソン競技の由来となったエピソードを映画化。主演のスティーヴ・リーヴスは『ヘラクレス』で一躍人気俳優となり、イタリア産史劇アクション映画（"剣とサンダル"映画）の怪力ヒーローとして活躍した。

『吸血鬼ドラキュラの花嫁』 The Bride of Dracula

東宝敷島劇場／敷島シネマ
1960年公開
監督：テレンス・フィッシャー
出演：ピーター・カッシング
　　　イヴォンヌ・モンロー
（併映『縄張を荒らすな』）

ハマー・フィルム・プロ製作『吸血鬼ドラキュラ』の
続編でシリーズ2作目。イメージの定着を嫌ったクリ
ストファー・リーは吸血鬼役を降板。吸血鬼と対峙す
るヴァン・ヘルシング役は引き続きカッシングが演じた。

『流血の谷』 Devil's Doorway

東宝敷島劇場／敷島シネマ
1960年公開
監督：アンソニー・マン
出演：ロバート・テイラー
　　　　ルイス・カルハーン
（併映『激戦モンテカシノ』）

南北戦争に北軍として参加したショショーニ族の青年をロバート・テイラーが力演。名誉勲章を授与され故郷に帰ってきた男は白人との平穏な生活を夢見ていたが大きく裏切られる。インディアンの視点から描いた西部劇。

『チャップリンの独裁者』 The Great Dictator

スバル座
1960年公開
監督：チャールズ・チャップリン
出演：チャールズ・チャップリン
　　　　ポーレット・ゴダード
（併映『喜劇の黄金時代』）

ナチの独裁政治を痛烈に批判し、チャップリン自身がヒトラーじみた独裁者に扮して戯画化しつつ、反ユダヤ主義やポーランド侵攻を1940年当時大胆に風刺・非難したチャップリンの代表作。日本では1960年になって初めて公開された。

『ジャングル・キャット』 Jungle Cat

東宝敷島劇場／敷島シネマ
1960年公開
監督：ジェームズ・アルガー
ナレーション：ウィンストン・ヒブラー
（同時上映『ドナルド・ダックの算数教室』）

ウォルト・ディズニーの「自然の冒険」シリーズ（長編猛獣記録映画）の一篇。アマゾン上流の密林に生息するジャガーの記録を中心に、ジャングルの野生動物たちの知られざる生態を、2年以上かけて撮影している。

『情無用の拳銃』 Seven Ways from Sundown

東宝敷島劇場／敷島シネマ
1960年公開
監督：ハリー・ケラー
出演：オーディ・マーフィ
　　　バリー・サリヴァン

早撃ちガンマンのテキサス警備隊にオーディ・マーフィが扮し、連行したアウトローとの間に結ばれる奇妙な友情を描く。主人公セブン・ジョーンズの名は7番目の出生に由来。マーフィ自身も12人兄弟の7番目の生まれ。

『橋』 Die Brücke

スバル座

1960年公開

監督：ベルンハルト・ヴィッキ

出演：フォルカー・ボーネット、

フリッツ・ヴェッパー

第二次世界大戦末期のドイツ、自分たちの暮
らす村を守るため召集された7人の少年兵の
悲劇を描く。俳優としても活躍したベルンハ
ルト・ヴィッキの初長編監督作。のちに『史
上最大の作戦』でも共同監督に名を連ねている。

『征服されざる西部』 Horizons West

スバル座

1960年公開

監督：バッド・ベティカー

出演：ロバート・ライアン、ロック・ハドソン

（併映『壮絶鬼部隊』）

テキサスを舞台に義兄弟の抗争を描いた西部
劇。南北戦争後、故郷に戻った義兄弟は皮肉
な運命に翻弄される。ヒロイン役のジュリー・
アダムスは本作製作の2年後、『大アマゾン
の半魚人』に出演して一躍注目を浴びた。

『真夏の夜のジャズ』
Jazz on a Summer's Day

スバル座　1960年公開

監督：バート・スターン

出演：ルイ・アームストロング、

マヘリア・ジャクソン

（併映『黒いオルフェ』）

1958年に開催された第5回ニューポート・ジ
ャズ・フェスティバルの記録。ルイ・アーム
ストロング、セロニアス・モンクなど伝説の
音楽家たちが参加。演奏とそれを楽しむ観客
の模様を記録した音楽ドキュメンタリー映画
の名篇。

『のっぽ物語』 Tall Story

スバル座
1960年公開
監督：ジョシュア・ローガン
出演：アンソニー・パーキンス、ジェーン・フォンダ
（併映『避暑地の出来事』）

アンソニー・パーキンスが大学のバスケット
選手に扮する青春喜劇。彼のファッションが
アイビールックの手本として60年代の日本
で流行し、本作も雑誌などに紹介された。ジ
ェーン・フォンダの映画デビュー作でもある。

『刑事』 Un maledetto imbroglio

スバル座
1960年公開
監督：ピエトロ・ジェルミ
出演：ピエトロ・ジェルミ、
　　　クラウディア・カルディナーレ

監督・主演のピエトロ・ジェルミが、ローマ
近郊で起きた殺人事件の謎を追う警部に扮し、
人々の日常に隠された秘密を鮮やかに描き出
していく。アリダ・ケッリの歌う主題歌「死
ぬほど愛して」は日本でも大ヒットした。

『恋の売込み作戦』 Ask Any Girl

スバル座
1960年公開
監督：チャールズ・ウォルターズ
出演：シャーリー・マクレーン、
　　　デヴィッド・ニーヴン
（併映『女は選ぶ権利がある』）

『八十日間世界一周』のコンビ、シャーリー・
マクレーンとデヴィッド・ニーヴンが再び共
演。主人公は新製品の市場調査をする会社で
自分もデータ通りの女になろうと苦闘する、
チャーミングなマクレーンに適任の役柄。

『夜の流れ』

東宝敷島劇場／敷島シネマ
1960年公開
監督：成瀬巳喜男、川島雄三
出演：司葉子、山田五十鈴
（併映『新・三等重役 亭主教育の巻』）

芸者置屋と料亭を舞台に、花柳界に身を置く女たち
の生き様を描く。料亭の雇われ女将・山田五十鈴と
その娘・司葉子が、1人の男をめぐって繰り広げる
愛憎劇。山田の情念が凄まじい。成瀬と川島の共同
監督も興味深い。

『敵は本能寺にあり』

浪花座
1960年公開
監督：大曾根辰保
出演：松本幸四郎（八代目）

討つべき敵は本能寺にいる主君の織田信長であるとして進路を変え、京都へと向かった武将・明智光秀。物語は本能寺の変にいたる経緯から光秀が討たれるまでの半生を描く。池波正太郎がオリジナル脚本を手がけている。

『親バカ子バカ』

浪花座
1960年公開
監督：酒井欣也
出演：渋谷天外（二代目）、藤山寛美

昭和を代表する喜劇役者、渋谷天外と藤山寛
美のコンビが親子役を演じ、一躍人気を博し
た同名の舞台劇、TVドラマシリーズの映画化。
渋谷天外がペンネームの「館直志（たてなお
し）」名義で原作を書いている。

『半七捕物帖 三つの謎』

常盤座
1960年公開
監督：佐々木康
出演：片岡千恵蔵、鶴田浩二
（併映『恋しぐれ千両勝負』）

3つの怪奇殺人事件に挑む半七の活躍を描い
た時代劇。千恵蔵主演による「半七捕物帖」
の新シリーズ第1弾として企画されたが続か
ず、本作限りとなった。岡本綺堂の原作は主
に舞台やTVドラマでシリーズ化されている。

『あんみつ姫の武者修業』

浪花座
1960年公開
監督：大曾根辰保
出演：鰐淵晴子、安住譲
（併映『旗本愚連隊』）

倉金章介による人気漫画『あんみつ姫』は、
1954年に雪村いづみ主演で2本映画化され、
1960年に鰐淵晴子主演の本作で再び映画化さ
れた。やんちゃでおてんば娘のあんみつ姫が
城の内外で騒動を巻き起こす時代劇コメディ。

『がめつい奴』

東宝敷島劇場／敷島シネマ
1960年公開
監督：千葉泰樹
出演：三益愛子、森繁久彌
（併映『自由ヶ丘夫人』）

大阪・釜ヶ崎で『釜ヶ崎荘』を経営するがめ
つい老婆・鹿をめぐる人々と金のドラマ。菊
田一夫原作の舞台を千葉泰樹監督が映画化。
天才子役と言われた中山千夏や、森雅之が好
演。札束争奪戦のシーンが笑える。

『地の涯に生きるもの』

東宝敷島劇場／敷島シネマ
1960年公開
監督：久松静児
出演：森繁久彌、司葉子
（併映『がんばれ！盤嶽』）

オホーツク海に面する知床半島を舞台に、漁
師の番屋を冬の間ひとりで守る老人の生涯を
描く。主演の森繁は、本作の撮影で知床半島
の羅臼村（現・羅臼町）を訪れ、滞在中に「し
れとこ旅情」を作詞・作曲した。

『秋日和』

浪花座
1960年公開
監督：小津安二郎
出演：原節子、司葉子、岡田茉莉子

父親を亡くした母と娘の結婚話にまつわるド
ラマ。原作は里見弴の同名小説。それまでの
小津作品で娘役だった原節子が初めて母親役
を演じる。娘役・司葉子の友人・岡田茉莉子
がオジさん三人衆をやり込めるシーンが楽しい。

昭和レトロなミナミの映画館

昭和34（1959）年には大阪市内だけで300もの映画館があった。多くの人々で賑わっていたモダンな外観の映画館たちも現在は様変わりしている。そのほとんどが失われてしまった、本書に登場する代表的なミナミの映画館を紹介。

スバル座

昭和22（1947）年に開館した洋画封切館で、オープニング作品が『心の旅路』（P12）。昭和26（1951）年からOSの直営館になる。昭和45（1970）年にいったん閉館するも、翌年同地に「南OSビル」としてボーリング場がつくられ、昭和50（1975）年にその5、6階で再オープン。半月状の巨大なスクリーンで洋画を上映して魅了した。

東宝敷島劇場

明治44（1911）年に「敷島倶楽部」として開設。翌年に南区難波新地で起きた"南の大火"で焼失するも、その後再建された芝居小屋で映画上映も行われ、やがて大阪で最初の洋画専門館になった。昭和10（1935）年に東宝チェーンとなり「東宝敷島劇場」に改称。敗戦を経て昭和31（1956）年に改築、「敷島シネマ」が併設された。

敷島シネマ

昭和31（1956）年の「東宝敷島劇場」の改築で開館し、東宝系の洋画を上映した。平成11（1999）年まで営業して一度閉館となったのち、翌年には「敷島シネポップ」としてリニューアル・オープン。平成23（2011）年に映画館が統合され、「TOHOシネマズなんば 別館」として現在に至る。

大阪松竹座

大正12（1923）年に開館した大阪・道頓堀を代表する劇場で、パリの凱旋門を模したとされる白亜の殿堂。1000名を超える観客を収容できた大劇場で、洋画と実演の興行が行われた。戦中と終戦直後は邦画を上映、昭和27（1952）年に洋画封切館となる。平成6（1994）年で映画常設館としての歴史は終わるが、創建時の堂々たる正面のアーチは現在も残されている。

常盤座

南の大火災後の明治45（1912）年に劇場として開設。やがて映画興行を中心に据え、日活の直営館となり、尾上松之助の映画を数多く上映した。戦後も新東宝・東映の映画を上映して成功を収めた時代があったが、昭和36（1961）年には閉館。跡地にパチンコ屋などの娯楽施設ができた。

千日前グランド劇場

戦中に吉本興業がオープンさせた「大阪花月劇場」が、昭和21（1946）年に改称され、バラック建ての洋画専門館になる。昭和28（1953）年に新装改築し、昭和38（1963）年には「なんば花月劇場」として演劇場に転換、その後地階に「花月シネマ」が併設される。昭和63（1988）年に「なんばグランド花月」と統合。

南街劇場

日本で最初にシネマトグラフが公開された「南地演舞場」跡に昭和13（1938）年開場。戦後6階建てのビルとして再建され、1、2階に「南街劇場」、3階に「南街ミュージックホール」（のちの南街シネマ）、6階に「南街文化劇場」、地下に「なんば東宝」が入った。70mm映画の上映も行われた。

戎橋劇場

昭和12（1937）年、大阪歌舞伎座（後の千日デパート、現在のビックカメラ）近くに開館した劇場。戎橋小劇場とも呼ばれ、昭和30（1955）年頃に閉館したと思われる。戎橋のキリン会館4〜6階にも同名の映画館があったが（昭和33年開館）、これとは別の劇場。

千日前セントラル

戦後の昭和21（1946）年に道具屋筋商店街の真ん中で「セントラル会館」としてオープンし、昭和34（1959）年に改称する。ミナミにある東宝系の洋画ロードショー館の中でも、繁華街から少し外れた穴場的映画館として親しまれたが、平成18（2006）年、時代の流れとともに閉館。

アシベ劇場

明治44（1911）年に「芦部倶楽部」として開館。やがて
帝国キネマの経営になり、名称も「芦部劇場」に。戦災で
焼失するも、復興して大映の封切館となった。劇場裏手に
つくられたニュース映画館は、戦後「アシベ小劇場」とな
る。庶民に長く親しまれながら昭和46（1971）年閉館。

道頓堀日活

昭和24（1949）年に「道頓堀劇場」として開館後、「道
頓堀大映」の時代を経て、日活の劇場となる。「道頓堀ス
ター座」に改称していた時期もあったが、昭和39（1964）
年には閉館してキャバレーに変わる。なお、1980年代の
一時期「道頓堀にっかつ劇場」という映画館もあったよ
うだ。

浪花座

かつての歌舞伎小屋の焼失後、明治41（1908）年に映画
常設館として再建、のちに松竹が経営する。戦後に演芸
館として再出発を遂げるが、昭和22（1947）年から松竹
映画の封切館になり、「道頓堀ピカデリー」も併設する。
「松竹浪花座」、「浪花座1・2」など改称を繰り返し、の
ちに演芸も復活した。

大阪東映劇場

道頓堀五座のひとつだった朝日座が、戦前は日活や松竹
の封切館となり、大空襲で焼失したその跡地で、東映系
の映画館として昭和30（1955）年にオープンした劇場。
やがて「道頓堀東映」となり、地下の「道頓堀東映パラ
ス」とともに映画を半世紀も上映し続けた。平成19
（2007）年閉館。

『恋をしましょう』 Let's Make Love

スバル座
1960年公開
監督：ジョージ・キューカー
出演：マリリン・モンロー
　　　イヴ・モンタン
（併映『七面鳥艦隊』）

億万長者のプレイボーイと舞台女優のロマンスを描いたミュージカルコメディ。コール・ポーター作曲の「My Heart Belongs to Daddy（私の心はパパのもの）」をマリリン・モンローが歌い、イヴ・モンタンも劇中で美声を披露する。

『ボーイハント』 Where the Boys Are

スバル座
1961年公開
監督：ヘンリー・レヴィン
出演：ドロレス・ハート、
　　　　ジョージ・ハミルトン
（併映『赤と青のブルース』）

待望の春休み（スプリング・ブレイク）を謳歌するべく、
フロリダのビーチ、フォートローダーデールに向かう
4人の女子大生を主人公にした青春ドラマ。歌手のコ
ニー・フランシスが出演し、主題歌も彼女が歌っている。

『荒野の七人』 The Magnificent Seven

ニューOS劇場
1961年公開
監督：ジョン・スタージェス
出演：ユル・ブリンナー
　　　　スティーブ・マックイーン

無法者に蹂躙され続ける村を救うため集結した7人の
ガンマンの活躍を描く。マックイーンやチャールズ・
ブロンソンは本作により人気スターとしての地位を確立。
悪党を演じたイーライ・ウォラックの名演も忘れがたい。

『馬上の二人』 Two Rode Together

スバル座
1961年公開
監督：ジョン・フォード
出演：ジェームズ・スチュワート
　　　リチャード・ウィドマーク
（併映『機関銃を捨てろ』）

コマンチ族に誘拐された白人の子の救出にあたる男たち。シリアスな内容ながらユーモアや情愛を交えつつ物語は進む。フォードが『捜索者』同様、インディアンと同化した白人というテーマに再び向き合った異色西部劇。

『世界の夜』 Il Mondo di Notte

スバル座
1961年公開
監督：ルイジ・ヴァンツィ
（併映『天使なんかあるものか』）

パリやニューヨークのナイトクラブなど、世界のゴージャスなショーを記録した"夜もの"の一篇。キャバレーやストリップ、剣の曲芸、祭り、ゴスペルショー、プロレス……と様々な夜のステージを垣間見ることができるドキュメンタリー。

『ガン・ファイター』 The Last Sunset

スバル座

1961年公開

監督：ロバート・アルドリッチ

出演：ロック・ハドソン、カーク・ダグラス

（併映『風と共に去りぬ』）

牛の輸送を頼まれた流れ者のカウボーイと彼を追ってきた保安官、2人の宿命の対決を描く。『風と共に散る』でオスカーを受賞したドロシー・マローンが、依頼主の妻で流れ者のかつて恋人という役を演じている。

『ペペ』 Pepe

スバル座
1961年公開
監督：ジョージ・シドニー
出演：カンティンフラス
　　　シャーリー・ジョーンズ
（併映『第三の犯罪』）

『八十日間世界一周』のパスパルトゥー役でお馴染み、メキシコ生まれの偉大なる喜劇俳優カンティンフラスが主演のコメディ。売られた愛馬を追って、主人公のペペがメキシコからハリウッドにやってくる。豪華キャストがカメオ出演で登場し、『お熱いのがお好き』のジャック・レモンが女装していたり、『サイコ』のジャネット・リーの入浴シーンがあったりと、当時の話題作のパロディをあちこちに仕掛けている。

『妻として女として』

東宝敷島劇場／敷島シネマ
1961年公開
監督：成瀬巳喜男
出演：高峰秀子、淡島千景
（併映『続・社長道中記』）

大学教授をめぐる本妻と二号との争いを名匠・成瀬が
緊張感を持って描く。気が小さい大学教授役の森雅之、
難しい年頃で出生の秘密を知る息子役の大沢健三郎、
高峰から「女の日干し」と呼ばれる祖母役の飯田蝶子
が好演。

『モスラ』

東宝敷島劇場／敷島シネマ
1961年公開
監督：本多猪四郎
出演：フランキー堺、小泉博
（併映『喜劇 駅前団地』）

インファント島から連れ去られた小美人を取り戻すため、モスラが東京に襲来する。ゴジラ、ラドンと並ぶ人気で、東宝三大怪獣と称されるモスラの初登場作品。ザ・ピーナッツの歌う"モスラの歌"も話題をさらった。

『猟銃』

浪花座

1961年公開

監督：五所平之助

出演：山本富士子、佐分利信

離婚後も元夫の愛人の子を育て続ける主人公
と従姉妹の夫との不倫関係を、娘の視点で描
く五所平之助監督による大人の文芸メロドラ
マ。原作は井上靖の同名小説。佐分利信の色
気、山本富士子の艶やかさが見どころ。

『七面鳥艦隊』 All Hands on Deck

南海堺駅（スバル座看板）

1961年公開

監督：ノーマン・タウログ

出演：パット・ブーン、バーバラ・イーデン

（併映『恋をしましょう』）

軍艦に七面鳥が連れこまれて大騒ぎになるド
タバタのミュージカルコメディ。主演のパッ
ト・ブーンは歌いながら求愛する。監督はプ
レスリーの映画や「底抜け」シリーズなど数
多くの喜劇を手がけたノーマン・タウログ。

『ナバロンの要塞』
The Guns of Navarone

スバル座

1961年公開

監督：J・リー・トンプソン

出演：グレゴリー・ペック、デヴィッド・ニーヴン

（併映『四時の悪魔』）

第二次世界大戦中、難攻不落といわれた独軍
の砲撃要塞・ナバロン島の攻略を命じられた
6人の精鋭部隊の活躍を描いたアクション大
作。音楽を手がけたディミトリ・ティオムキ
ンは、ゴールデングローブ賞作曲賞を受賞した。

『ガールハント』 The Honeymoon Machine

スバル座
1961年公開
監督：リチャード・ソープ
出演：スティーブ・マックイーン
　　　　ブリジッド・バズレン
（併映『白銀に躍る』）

海軍の電子計算機を使って、カジノでひと儲けしよう
と企む軍人たちの姿をコミカルに描く。ポーラ・プレ
ンティスとジム・ハットンは前年のヒット作『ボーイ
ハント』でも共演しており、日本では縁のある邦題と
なった。

『ティファニーで朝食を』 Breakfast at Tiffany's

スバル座
1961年公開
監督：ブレイク・エドワーズ
出演：オードリー・ヘプバーン
　　　　ジョージ・ペパード
（併映『情事』）

ニューヨーク5番街にあるティファニーのショーウィンドウを眺めながら、朝食をとることを日課にしている主人公を、オードリーが演じた恋愛譚。彼女の歌う「ムーン・リヴァー」は、映画史に残る名曲・名場面となった。

『何がなんでも首ッたけ』 La Bride sur le Cou

東宝敷島劇場／敷島シネマ
1961年公開
監督：ロジェ・ヴァディム
出演：ブリジット・バルドー
　　　　ミシェル・シュボール
（併映『続・世界の夜』）

恋人の写真家が富豪の娘に手を出したことから復讐を思いついた主人公が２人を追跡する。ブリジット・バルドー主演のお色気コメディ。監督のロジェ・ヴァディムとは離婚した後だったが、本作では一緒に仕事をしている。

『エル・シド』 El Cid

東宝敷島劇場／敷島シネマ
1962年公開
監督：アンソニー・マン
出演：チャールトン・ヘストン
　　　ソフィア・ローレン
（併映『契約殺人』）

ムーア人の侵略から国を救ったスペインの英雄
エル・シドの生涯を壮大なスケールで描いた歴
史劇。『ベン・ハー』などエピック・フィルムの
優れたスコアを多数作曲したミクロス・ローザ
が本作でも音楽を手がけている。

『101匹わんちゃん大行進』 One Hundred and One Dalmatians

東宝敷島劇場／敷島シネマ
1962年公開
　監督：ウォルフガング・ライザーマン
　　　　ハミルトン・ラスケ、クライド・ジェロミニ
　出演：ロッド・テイラー、ケイト・バウアー（声）
（同時上映『金色の名馬ノーチカル号』）

毛皮マニアの悪女・クルエラに誘拐された子犬たちを取り戻すため奮闘するわんちゃんたちの物語。コピー機を用いて原画をフィルムに転写する、トレスマシンを実用化した世界で最初のディズニー・アニメーション作品。

『太陽はひとりぼっち』 L'eclisse

千日前グランド劇場
1962年公開
監督：ミケランジェロ・アントニオーニ
出演：アラン・ドロン
　　　　モニカ・ヴィッティ

現代の都会に生きる男女の不確かな恋愛感情や倦
怠感、虚しさを、荒涼とした映像にのせて描く。
主演はモニカ・ヴィッティとアラン・ドロン。原
題は「日蝕」のこと。カンヌ国際映画祭で審査員
特別賞を受賞した。

『リバティ・バランスを射った男』 The Man Who Shot Liberty Valance

スバル座
1962年公開
監督：ジョン・フォード
出演：ジョン・ウェイン
　　　ジェームズ・スチュワート

西部の小さな町で、人々は州昇格をめぐる住民運動を起こしていた。本作は反対派の雇われガンマン、リバティ・バランスに立ち向かった男と、彼を助けた牧場主の物語。リー・マーヴィンは主演2人に劣らず、無法者リバティ・バランスの役を見事に演じた。

『史上最大の作戦』 The Longest Day

大阪松竹座
1962年公開
監督：ケン・アナキン、ベルンハルト・ヴィッキ
　　　アンドリュー・マートン
出演：ジョン・ウェイン、ヘンリー・フォンダ

第二次世界大戦における連合軍のノルマンディー上陸作戦を克明に描いた戦争映画。原作を基に米英独の監督3人がそれぞれの立場から演出し、多角的な視点で再現を試みている。36億円の製作費を投じて作り上げられた。

ミナミの看板工房ものがたり

文：貴田 奈津子

始まりは芝居の絵看板

　不二工芸の創設者である貴田不二夫の長男明良は、私の父である。映画看板の仕事については、断片的に話を聞いていたし、写真も少しは見ていた。しかし私自身は、小さい頃にペンキ臭くてシミだらけの床の、皆が「工場（こうば）」と呼んでいた難波千日前の工房を、何度か覗いた朧げな記憶しかない。

　不二夫の妻であった祖母高江も父明良も、私が幼い頃から、なぜか、祖父不二夫の活動についてよりも、高江の父であった曽祖父、荒金慶次郎について、ポツポツと、そして楽しそうに話してくれた思い出がある。芝居の絵看板を描いていた曽祖父について、祖母は「大阪には五座いうのがあってな、そこに描いたはったんやで」と、私に教えてくれようとした。

　荒金慶次郎は1874（明治7）年、大阪市南区高津町に生まれた。芝居が好きで好きで、連日、芝居小屋にこっそり入っては、つまみ出されていたという。「芝居を見ることができる」という理由で、14歳のときに芝居の劇場看板を描くべく、弟子入りした。芦高という画号で、稲葉芦国（江戸の國芳の門人であった芳信の門人）に師事し、1942（昭和17）年には、3代目芦国を継ぐこととなった。同じ年の6月に発行された雑誌「郷土研究 上方」の明治挿絵画家の特集号に、当時68歳の慶次郎が寄稿している。かつての道頓堀の賑わいが伝わってくる文なので、ここに転載する。

＊

　道頓堀の芝居も以前は五座の櫓がそれぞれ競うて立ち、さて芝居が開場する前には奇羅美（きらび）やかな絵看板が上がりますと、芝居好きの人達は待ちきれずに、この看板絵を観に来られたもので、看板を見上げては役者の噂で、見ぬ先からの芸評が中々穿（しうち）っていました。〈中略〉この絵看板は興行主から廻って来た下図（主に作者が略図を画く）を基に制作にかかるものですが、現今松竹の方から役割書きを持って寄られる程度です。現在のような絵看板形式は私の知っております範囲では明治も十年頃からと思います。その以前は絵組も荒かったように想像されますが、現在の絵看板のような画振りは私の師匠初代稲葉芦國からと思います。〈中略〉
　興行主からいずれも秘密に看板絵の注文が入って来ますと、係の番頭が付ききりで他に洩れぬよう監視して看板の制作にかかるという風で、これが開場が迫

と、入り乱れてなかなか苦心したものです。
（『郷土研究 上方 明治挿絵画家号』 絵看板と初代芦國　より）

＊

　仕上がった絵は、劇場の小僧さんが2人で、トカトントカトンと太鼓をたたき
ながら歩いて受け取りにきたという。慶次郎の工房は道頓堀の現在の文楽座の少
し北、高津にあり、自宅は大阪市住吉区（現在の阿倍野区）の相生通から北畠に
向かうあたりであった。自宅で制作することも多く、戦前、小学校低学年だった
父は、自分の祖父が描いていたところを見ていた。紙の上に、まず丸をいくつか
描いて、ポンポンと人物を配置。そこから手や足が出てきて、頭はだいぶん後に。
まず裸の体を描いてから、着物を下着から順番に着せて描いていったという。
　浄瑠璃の趣味のあった慶次郎は、女を描くときは女の声色をつくって、男を描
くときは男の声で歌いながら絵にしていた。竹の棒の両端を糸で結んで弓形にし、

九二銭会のメンバー。寛永通宝の四文銭を模した飾り
をお揃いで首から下げている。写真左奥が荒金慶次郎

その竹の棒に沿って、刀の曲線をスッと引いていたのが、幼い父は見ていて面白かったそうだ。

　遊び好きの慶次郎は、友達と「九二銭会」というグループをつくり、定期的に我孫子などに出かけていた。その仲間たちは、置屋の主人や浄瑠璃作家、仲居さんなど。九二銭とは大阪弁の「苦にせん」をもじったもので、「苦を苦にしない」という意味が込められている。いろんな身分職業の人間が集まり、楽しくやっていたのだろうなぁ、と想像してしまう。祖母高江が「あれは『粋』やったなぁ」と話していた。このような環境の中で、道頓堀の芝居小屋に掲げられる絵看板は、生み出されていたのである。

芝居から映画へ

　さて、芝居好きが高じて看板絵師になった慶次郎だが、「これからは芝居じゃない、映画だ」と新たな娯楽に将来性を感じたという。そして、当時すでに映画の看板を描いていた津村英雄と、英雄の弟子で独立後数年経っていた貴田不二夫のもとに、自分の2人の娘を嫁がせたのである。

　長女の夫になった津村英雄は、大阪ミナミの映画看板の父ともいえる存在で、1897（明治30）年に生まれ、20歳の頃から自分の工房を持っていた。複数の弟子を育て「津村会」と称する絵の勉強会を催し、旅行や食事会も催していたようである。弟子の多くは映画看板絵師として独立し、工房を持った。そして、英雄が発明した写真を拡大投影できる「幻灯機」を絵師たちが使うことによって、格段に看板制作の効率が良くなったのである。研究熱心で、早くから印刷の技術に着眼し、戦前に、すでに大きな印刷機械を2台、日本に初めて輸入していたという。

　三女高江の夫となった貴田不二夫は1908（明治41）年生まれで、16歳のときから11歳年上の津村英雄に師事した。不二夫の父は、大阪市西区九条で提灯に絵や文字を入れる職人であった。独立後は、義理の父である慶次郎の工房の1階で描いていたこともあったそうだが、1938（昭和13）年には自分の工房「不二工芸社」を日本橋一丁目に構え、弟子も数人いた。

　こうした不二夫の制作活動は、第二次世界大戦によりいったん止まる。1944（昭和19）年1月に、アンダマン諸島に出征し、調理担当を務めることとなった。時間があると、ヨードチンキで背景を描いて舞台をつくって芝居をしたり、兵士の

戦前の貴田不二夫と弟子たち。出征後、不二
夫以外は誰も戻ってくる者はいなかった

似顔絵を描いたりしていたそうだ。

　しかし荒金慶次郎は、戦火を逃れることはできなかった。1945（昭和20）年
3月、大阪の大空襲で、焼夷弾の火を消そうとして全身に火傷を負い、亡くなっ
た。同時に、彼が保管していた芝居の絵看板もすべて焼失してしまったのである。
劇場の絵看板というのは、劇場前に備えてある木の枠に、紙に描いた絵を貼り付
けるものであった。新しい演し物の絵は、前の絵の上から水糊で貼っていき、重
くなってくると、まとめて剥がし、ばらすこともできた。慶次郎は、弟子たちが
後で着物の模様などの参考にできるからと、戻ってきた数多くの看板絵を束にし
て自宅で保管していたが、1枚も残っていないのが大変残念である。

　1946（昭和21）年に復員した不二夫は、現在の京都府木津川市に疎開してい
た家族に会うとすぐに大阪に戻り、3日もしないうちに仕事を再開した。若い弟
子たちは誰も戦争から戻って来ず、工房も焼けてしまったため、戦火を免れた旧
歌舞伎座の地下を借り、一人で映画の看板を再び描き出した。その翌年には、難
波千日前の路地に沿って、津村会のメンバーたちが急ごしらえのバラック然の家
を並べて建て、同業者たちが隣近所で看板作りに精を出すこととなった。

ちょうどその頃、不二夫の友人であり京都で勘亭流の手書き文字も手掛けていた同業者の竹田耕清（猪八郎）の息子、竹田耕作が、不二工芸に修業に来ていた。人物の顔は大阪の看板の方が上手いので、ということだったらしい。翌1948（昭和23）年12月には京都に戻り、耕清が設立したタケマツ画房で働くことになった。そして京都初の劇場看板専門工房として、京都の繁華街の多数の映画館を彩ることになる。

　1947（昭和22）年9月、不二夫は作業場を広げるため、バラック工房のあった近くに新たな工房と住居を構える。その後、映画は大阪市民の娯楽として大人気となり、看板の仕事も増え続け、社員を増やし工房も2階建てにした。

　工房にはそれぞれ絵のスタイルがあり、基本的に師匠の描き方を弟子は踏襲す

復員後すぐ、不二夫は旧大阪歌舞伎座（写真中央の建物）の地下を借りて、絵看板の制作を再開した。旧歌舞伎座は戦災で焼け残った（写真提供：朝日新聞社）

る。不二工芸の看板の特徴は、とにかく俳優の顔に似せるのが得意だった、ということのようだ。元スバル座宣伝部の河合重之氏によると「そらやっぱり綿密ですわ。影ひとつ付けても、暗いとこか明るいとこか、メリハリが上手く表現されるわけや。しかし他所の劇場の（看板）はそんなことはない」と語っている。「タッチとぼかし」と絵師たちは表現する。タッチというのは、筆の刷毛の跡が見える絵のことを指し、看板絵師もよく用いた手法だったが、不二工芸は「ぼかし」というやり方で、着色の際、色を混ぜて肌の艶や光を柔らかく表現していたということだ。絵師たちが街を歩いて見ると、誰が描いた看板なのか、すぐにわかったそうである。

多忙を極めた最盛期

　大阪市に映画館が最も多かったのが1959（昭和34）年、市内だけで300館もあった。「看板描き」という職業に対する関心も多少あったようだ。以下、大阪ガスの社内報「がす燈」（昭和28年6月号）の工房訪問の記事から一部抜粋する。

＊

　アトリエは、舞台うらのような雑然さ。いろいろな大きさのベニヤ板ばりの看板。脚立、パレット、えのぐ箱、そのペンキの匂いが部屋一ぱいに立ちこめているなかで、えのぐまみれの作業着の美術家連中がせっせと画面にとりくんでいる。折しもラジオは野球の中継放送のさい中。
　『打ちよッったなァ』
　若い絵かきさん連中は感動しながら、それでも絵ふでは休めない。野球もクライマックス、仕事もクライマックスという、ほほえましいスタジオ寸景。
　ここの社長、貴田不二夫さんが取りくんでいるのは天地十六尺はば八尺の大看板。美空ひばりと津島恵子の大きな顔が見事な表情をとらえて描かれている。
　製作をいそがせる電話のベル。うしろの黒板には仕事の予定表がギッシリ。次から次へと、完成した看板はすぐはこびだされ、それと入りかわりに用済みになった看板が何枚もアトリエに送りかえされてくると、お弟子さんたちが、さっそくその上にベタ、ベタと紙をはったり、ペンキで、下のえをぬりつぶしてゆく。〈中略〉
　貴田さんは、十六才の少年時代から、この世界で苦労してきた宣伝美術界のベテラン。
　映画スターの顔ばかり描いているセイでもあるまいが、ちょっと若原雅夫の目

抜粋記事の中で不二夫が語っていた、高さ45尺（13・6メートル）のキングコングの切り出し看板。昭和8（1933）年に旧大阪歌舞伎座で封切られた（写真提供：ジャパンアーカイブズ）

を細めたようないい男。戦争中は南方戦線にいた。写真やもない地方のこととて貴田さんの似顔絵は大いに歓迎されて兵隊さんからひっぱりだこ。写真がわりに兵隊さんの郷土通信に利用されたそうだ。

　映画の絵看板は仕事の日が切りつめられるのがつらいという。とりわけ、ちょい、ちょい一日で仕上げねばならぬときがあって、目をまわす。そんなときには画家を総動員して徹夜でやってのける。〈中略〉

　『よく人は映画の看板を見て、扇情的だとか、あくどいとか、毒々しい、低級だ、不良じみているなどといいますが、宣伝美術家としてわれわれはそうしたことば

には反撥をおぼえますね』

これは商業と芸術に苦悶する宣伝美術家の悩みと評すべきだろう。

いままで貴田さんの関係した映画の宣伝で大きかったものは、高さ四十五尺の
キングコングの切りだしを作ったり、顔だけで三十尺もあるチャップリンの顔を
作ったことだ。

こんな大きな顔になると、眉のはばだけで一尺もあるから顔を描くというより、
顔を作る工事といいたいくらいの大仕事。

奇抜なプランとしては、デミルの例の「地上最大のショウ」で文字も大きかっ
たが、スバル座のまえに、ベテイ・ハットンとコーネル・ワイルドの息づまる空
中曲技をきりぬきであらわし、動力で回転させたのなどは好評だったらしい。

『日本人と西洋人とではどちらが描きやすいですか』

『西洋人が描きやすい』

『日本のスターでむつかしい顔は？』

『田中絹代ですね。そうたい日本人の顔は複雑でむつかしいですな。エンタツ、
アチャコ、金語楼、エノケンなどは素人でも似せやすいが、美男美女というもの
はかきにくいですなあ』

そうした話のあいだにも貴田さんの筆は画面に専念してやまない。

ひばりの顔に点睛の活を入れ、津島の大きなたくましい鼻ばしらに、パフなら
ぬ白いペンキの一はけを加えてゆく。

（大阪ガス株式会社 社内報『がす燈』昭和28年6月 より）

＊

この映画看板最盛期の頃やその後については、座談会（P44）にご参加いただ
いた元絵師たちに振り返ってもらい、語っていただいている。詳細な日記を残し
ておられた元絵師の松原成光氏に「あなたにとって映画看板とは何でしょうか？」
と尋ねてみた。すると「きちんと記録しておくべき文化です」。そして、氏にと
って不二工芸で過ごした時代は「青春そのものでした」。描いて描いて、仕事に
明け暮れた日々。並大抵の苦労ではなかっただろうと想像するが、かつての写真
にうつる、屈託のない朗らかな絵師たちの表情を見ると、昭和の大阪ミナミの元
気を感じさせてもらえるのだ。

前246-247ページ

『キングコング対ゴジラ』

東宝敷島劇場／敷島シネマ
1962年公開
監督：本多猪四郎
出演：高島忠夫
　　　佐原健二

東宝創立30周年記念作品としてキングコングを相手役に迎え、ゴジラが7年ぶりに復活。ゴジラ初のカラー映画となった。女性をさらって国会議事堂に登るなど、本家『キングコング』にも見られた場面を盛りこんでいる。

『椿三十郎』

東宝敷島劇場／敷島シネマ
1962年公開
監督：黒澤明
出演：三船敏郎、仲代達矢
（併映『サラリーマン清水港』）

前年公開の『用心棒』の続編的作品。原作は山本周五郎の『日日平安』。ユーモアに溢れたストーリーでありながら、40秒で30人を斬りまくる殺陣シーンなども見どころ。ラストの仲代達矢との決闘シーンがあまりに有名。

『女の座』

東宝敷島劇場／敷島シネマ
1962年公開
監督：成瀬巳喜男
出演：高峰秀子

後妻や死んだ長男の嫁が同居する複雑な大家族の移ろいを描く。宝田明が行き遅れた次女（草笛光子）と嫁（高峰秀子）を惑わすプレイボーイ役を好演。女優陣が豪華で、成瀬作品にしては優しいラストが心地よい。

『銀座の若大将』

東宝敷島劇場／敷島シネマ
1962年公開
監督：杉江敏男
出演：加山雄三、星由里子
（併映『明日ある限り』）

京南大軽音部の雄一は、喧嘩の強さを買われ、拳闘部にスカウトされる。シリーズ1作目に続いてベテラン杉江敏男が担当したシリーズ第2作。『椿三十郎』で黒澤明にしごかれた直後の加山がリラックスした演技をしている。

『如何なる星の下に』

東宝敷島劇場／敷島シネマ
1962年公開
監督：豊田四郎
出演：山本富士子
（併映『雲の上団五郎一座』）

家業のおでん屋を切り盛りする山本富士子の人生を文芸映画の名手・豊田四郎が情感たっぷりに描く。揃いも揃ったダメ男たちにため息。ラストの寝たきりの父親と酒乱の母親の修羅場に呆然とさせられる。原作は高見順の同名小説。

『どぶろくの辰』

東宝敷島劇場／敷島シネマ
1962年公開
監督：稲垣浩
出演：三船敏郎、三橋達也
（併映『社長洋行記』）

過酷な工事現場の世界で衝突する男たち、女たちの物語。監督は『無法松の一生』でヴェネチア国際映画祭金獅子賞に輝いた稲垣浩。同作主演の三船が、どぶろく三升賭ければ命も投げ出す荒くれ者・どぶろくの辰を演じた。

『続・社長洋行記』

東宝敷島劇場／敷島シネマ
1962年公開
監督：杉江敏男
出演：森繁久彌
（併映『どぶ鼠作戦』）

湿布剤「サクランパス」の桜堂製薬の社長以下3人が売り上げ挽回を図り、香港へ。シリーズ第15作。シリーズ初の香港ロケが話題となった。同年公開で同じく香港ロケの『香港の星』の尤敏が出演。ラストに三船敏郎が登場する。

『忠臣蔵 花の巻・雪の巻』

東宝敷島劇場／敷島シネマ
1962年公開
監督：稲垣浩
出演：松本幸四郎（八代目）
（同時上映『大いなる黒部』）

東宝創立30周年記念作品として、豪華キャストで映画化した忠臣蔵。赤穂城を決死の覚悟で明け渡した大石内蔵助の葛藤を描いた「春の巻」、吉良邸への討ち入りを果たした46人の赤穂浪人を描いた「雪の巻」の2本立て。

『続 サラリーマン清水港』

東宝敷島劇場／敷島シネマ
1962年公開
監督：松林宗恵
出演：森繁久彌

『清水次郎長伝』をモチーフに、酒造界の義
理と人情と笑いをおなじみのキャストがドタ
バタと演じる「社長シリーズ」第13作。シ
リーズの中でも評価が高い一本。ゲストの宝
田明が気の弱い御曹司役を好演。

『喜劇 駅前飯店』

東宝敷島劇場／敷島シネマ
1962年公開
監督：久松静児
出演：森繁久彌、伴淳三郎

森繁久彌、伴淳三郎、フランキー堺の息の合
った演技が人気を博した、東京映画の「駅前
シリーズ」第5作目。3人は料理店を開こう
とする中国人を演じ、横浜の中華街を舞台に
ドタバタ劇を繰り広げる。

『戦艦バウンティ』
Mutiny on the Bounty

スバル座
1962年公開
監督：ルイス・マイルストン
出演：マーロン・ブランド、トレヴァー・ハワード

18世紀後半、艦長ウィリアム・ブライに対し
航海士フレッチャー・クリスチャンによって
実際に起こされた事件"バウンティ号の反乱"
をもとにした作品で三度目の映画化。タヒチ
島で約1年間のロケ撮影が行われた。

『社長漫遊記』

東宝敷島劇場／敷島シネマ
1963'年公開
監督：杉江敏男
出演：森繁久彌
（併映『太平洋の翼』）

視察洋行帰りで、すっかり米国にかぶれた太陽ペイント社長・堂本は、米国ジュピター社と日本独占契約を結ぶべく交渉を始めるシリーズ第16作。「カタコト演技」要員のフランキー堺の通訳役が笑いを誘う。

『マタンゴ』

東宝敷島劇場／敷島シネマ
1963年公開
監督：本多猪四郎
出演：久保明
（併映『ハワイの若大将』）

無人島に漂着した男女7人は、極限状態の中、食べて
はいけないとされるキノコに手を出し、次々と「マタ
ンゴ」化してしまう……。天本英世の「マタンゴ」姿
が衝撃的なカルト作品。原案は、SF作家の星新一と福
島正実。

『五十万人の遺産』

東宝敷島劇場／敷島シネマ
1963年公開
監督：三船敏郎
出演：三船敏郎
（併映『社長外遊記』）

俳優三船敏郎の第1回にして唯一の監督作。フィリピンの山奥に眠る金貨をめぐって繰り広げられる欲望に満ちた争いを描いたアクションドラマ。出演者には黒澤明『天国と地獄』の仲代達矢、三橋達也、山崎努らが揃う。

『クレオパトラ』 Cleopatra

スバル座
1963年公開
監督：ジョセフ・L・マンキーウィッツ
出演：エリザベス・テイラー

ハリウッド映画史上空前の製作費で作られた超大作。撮影は遅延を重ね、映画はヒットしたものの膨れ上がった製作費を回収できず、20世紀フォックスを倒産寸前に追い込んだ。ハリウッドのある種の終焉を象徴する作品。

『五瓣の椿』

浪花座
1964年公開
監督：野村芳太郎
出演：岩下志麻

山本周五郎の同名小説を映画化。天保5年、男たちが
次々に殺される事件が発生。やがて現場に残された椿
から一人の女の存在が浮上する。撮影は野村監督との
コンビで『砂の器』『鬼畜』など数々の名作を手がけた
川又昂。

『三大怪獣 地球最大の決戦』

東宝敷島劇場／敷島シネマ
1964年公開
監督：本多猪四郎
出演：夏木陽介、星由里子
（併映『花のお江戸の無責任』

宇宙から来たキングギドラを地上の三大怪獣（ゴジラ・ラドン・モスラ）が迎え撃つ、ゴジラシリーズ第5作。屈指の人気怪獣キングギドラが初登場。三大怪獣の話し合いシーンも見どころ。ヒロイン役の若林映子が好演。

『マイ・フェア・レディ』 My Fair Lady

スバル座
1964年公開
監督：ジョージ・キューカー
出演：オードリー・ヘプバーン
　　　レックス・ハリソン

粗野な花売り娘イライザと、彼女に言語教育を施しレディに変身させようと目論むヒギンズ教授。同名のミュージカルを映画化した本作は、今も語り継がれる名作にしてオードリーの代表作。

『シェルブールの雨傘』 Les Parapluies de Cherbourg

スバル座
1964年公開
監督：ジャック・ドゥミ
出演：カトリーヌ・ドヌーヴ

フランスの港町シェルブールを舞台に、戦争によって引き裂かれる若い恋人たちの運命を、台詞を使わず全編歌と音楽だけで描いたミュージカル。美しい色彩とミシェル・ルグランの音楽が大評判となり世界中で大ヒットした。

Interview　元映画看板絵師たちの記憶（3）

仕事仲間との思い出

――仕事以外での思い出にはどんなものがありますか？

松原：毎日が苦労、それが当たり前の時代。そやけど仲間とは、しょっちゅう一緒に遊びましたよ。琵琶湖のマイアミ浜や宝塚の生瀬にキャンプに行ったり、吉野山に桜を見に行ったり。

伊藤：先生にはよく飲みに連れて行ってもらいましたよ。工房の2階に謡の先生が来はって、一緒に習わされました。「金はろたるから、おまえも習え」って（笑）。

社員旅行で出かけた奈良県吉野山。左から3番目が松原氏、しゃがんでいるのが伊藤氏、右端が貴田氏、右から4番目が出口貞三氏

当時は不二工芸だけでなく多くの会社が
野球チームを持っていた。手前左が出口
氏、右上が松原氏

岸本：1年先輩の榎田くんは、九州天草の出身で、大阪に初めて来たとき、ナン
バは人が多くて祭りの日と思ったそうです。いつもええ声で唄を歌ってました。
表で下塗りしてるときも脚立に登って字書いてるときも。歌謡曲も上手に歌っ
てたけど民謡が得意でした。舞台で着物着て、伊藤さんの三味線で歌ってました。
僕も一度、舞台にあがって、お囃子の人に混じって、アッソヤとかなんとか掛け
声かけました。榎田くんと僕は、よく伊藤さんに居酒屋に連れて行ってもらいま
した。

松原：岸本くんが入社する前やけど、工房の改装祝いに皆で白井権八の芝居をや
ったことあったなぁ。劇場美術の人にカツラまでこしらえてもらって背景まで作
って、あれは傑作やった。映画もよう観ましたよ。1日に5本観た日もあります。

だいたい、バール1本手に持ってたらタダで入れるんです。

伊藤：ぼくはポスター丸めて。あとは受付の女の子と仲良くなっておく（笑）。おおらかな時代やったね。会社ごとに野球チームを作ってやってたなぁ。大阪球場でもやったし真田山球場にも行ったな。吉本やら他の会社のチームと試合もようやりました。

岸本：そういえば、昔、『パリ・テキサス』という映画を観ました。監督はヴィム・ヴェンダース。主人公の弟が看板屋で、看板を描いているところがちょっとだけ映るんですが、「不二工芸と同じように描いてる！」て思いました。アメリカの看板絵はあか抜けていてカッコよかったです。雑誌に載ってる絵看板や壁画の写真をスクラップしてました。

——スバル座や東宝敷島とか東宝系の写真が多く、アシベの大映系とか道頓堀日活が非常に少ないですが、日活系とか大劇系は別の工房ですか？

伊藤：別の工房です。でも、特別なときだけ、うちででっかいのをやってましたよね。大劇やなんかは、普段はでっかいのやってなかったですよね、担当の看板屋さんが。だからでかいのは全部不二工芸でやってたんですよ。屋上にバーンと春のおどりとか東京おどりとか。今でも覚えてるのが東京から来た踊り子さん。川路龍子とか小月冴子とかあのへんね、描いてはったん覚えてますわ。

松原：そういうことやってたんで、時々顔パスで入れました、大劇。そやけどあれは2〜3年の間やったやろ。

伊藤：他にも絵看板の工房はたくさんありましたからね。浪花座は不二工芸で描いてましたね。

松原：アシベも少しやってました。アシベ劇場も改装の後に新しくできた劇場はね、洋画をやってたんですわ。洋画の看板はどこがやってたのか知りません。1年ぐらい経って、大映の『花の講道館』という日本映画の看板はやりました。私は日活の映画は描いたことがない。描きたかったけど（笑）。

——ご自身の看板が上がっているのをご覧になって、いかがでしたか？

松原：自分の看板まともに見られますか？ せやけどこれを見なあかんのですよ、勉強にならんのですよ。嫌なとこばっかり目に付くんですよ。これを見な、次に生かされへん。

映画ポスターの登場

——看板に代わって大型ポスターが出てきたときのことを、教えていただけますか？

伊藤：まだ映画が全盛のときに、大きなポスターができたんですよ。けどはじめは大失敗やってね。たしか松竹浪花座が一番最初にやったんですよ、映画看板くらいのポスターをバーンと作ったんです、あっちもこっちも。日本国中それで揃えたんですよ、そしたらものすごく不評やったんですよ。要するにポスターでしょ、松竹系は全部それになりますやんか？　客足がえらい落ちて。その頃はまだ看板見て映画館に入る人が圧倒的に多かったんです。1ヵ月足らずで、もっぺん絵描いてくれ言われて。客が入れへんからて。

松原：そうですよ、お客さんは99%、映画の看板を見て入るから。

伊藤：看板の宣伝効果がすごかったから。そういう観客やから、あっちもこっちも同じポスター貼ってたら、やっぱり客離れするんですよ。看板やったら、例えば主演があってそこに名場面がちょっと真ん中に描いてあって、そういうのを見て「これ面白そう」て入るけど、ポスターみたいにええシーンがバーンとあっちもこっちもいうたら、「もうこれ見たわ」て。

　ポスターに替わっていってからでも、お正月なんかの切り出しは、賀正とか描いてそのときの俳優の顔や名前を。それはポスターでできなかったから絵描いてました。完全になくなるのは日活とか大映が潰れる頃ですかね。その後映画館前はなくなっていったけど、まだ郊外は、たくさんの大きな看板を上げてましたよ、何月何日上映とか。

貴田：ミナミとキタでは感じが違ったなぁ。梅田の映画館はよく建物の上にあったんで、千日前みたいな巨大な看板はあまり見なかった。

伊藤：基本的に、ミナミは遊びに来る人、キタはビジネス街やからやっぱりそこで仕事する人が帰りに映画を観る。例えば時代劇映画とか、そういう大衆娯楽の映画はやっぱりミナミで、キタはやっぱり洋画が中心で、映画の種類が違うよね。向こうはインテリ層ていうんが中心やったから。梅田東映とかあったんですけどものすごく人気なかったですよ、時代劇ばっかりやったから。そらミナミに来ると東映とかすごい人気で、第二東映なんかできたんですよ（笑）。洋画は、ミナミであれば松竹座とスバル座が頑張ってたぐらいで。後はやっぱり娯楽映画中心。松竹座入るいうたらインテリ層みたいで。

映画看板の栄枯盛衰

——映画館の絵看板が一番盛んだったのは、戦後1940年代後半から60年代半ばぐらいでしたでしょうか。

伊藤：戦前から映画の看板というのはあったし、不二夫先生も書いてはったけれども、昔は映画館より芝居の方が中心じゃないですか。当時やと活動写真というのは芝居から見たら格が落ちる。昭和の1ケタから15年ぐらいまでは浪曲とか見せ物とか浅草とかね、活動大写真も含め、ものすごく底辺やったんです。ただ画面が動いて楽しいという、尾上松之助の時代劇とかそんな感じで、その頃の映画の看板はそこまで凝ってないですよね。無声映画の看板はもっと地味で、文字だけでしたよ。スターの似顔絵なんかを描き出したのは、ずっと後のもんですからね。でも、映画が出てきたら歌舞伎の絵を描いてはった人は映画へどんどん変わっていかざるを得んかったでしょうね。行かへん人は辞めはるでしょうし。慶次郎さんのお弟子さんやった絵師さんで映画の看板に転向しはった人もいたけど、泥絵の具しか使わなかったし洋画（外国映画）の看板は描かはらへんかった。ど

写真左：資料を見る貴田不二夫氏
写真右：どこへ行くにもスケッチブックを離さなかった出口氏

んどん時代劇から現代の映画に移ってきて最後は洋画もできてきて。洋画はやっぱり皆ペンキでしたわ。そういう変化に対応して油使ってペンキ絵に変えていくことができた人とできなかった人と、いますよね。

松原：それからテレビが出てきて、映画は斜陽産業て言われたんやね。

伊藤：テレビが出てきても、まだしばらく映画の人気はあったんやけど、映画俳優や女優がテレビ番組にも出演するようになったとき、映画はあかんようになったと思います。だって、映画館まで行かなくても観れるもん。

　映画全盛のときに入社してね、まさか映画館がこんなになくなるとは思えへんかったからね。一生遊んで暮らせると思い込んでたから（笑）。なんとかせな、と思って、母が三味線のお師匠さんやったから勉強して、ぼくも三味線を仕事にしたんです。時々不二夫先生に呼ばれて、看板を描きに行くときもありましたけども。ヨーロッパにも行ったし武道館で演奏したこともありますよ。一時は生徒さんが80人ぐらいいました。

松原：私は、津村英雄さんが長男の卓さんと経営されていた株式会社キングプリンティングに誘われて、27歳のときに転職しました。昭和20年代に、英雄さんはもう印刷業を始めてはったんです。千日前の工房にも印刷機が置いてあって、看板も描くけど印刷機も動かして、カッチャンカッチャンいう音が路地に響いてました。印刷会社に14、5年勤めた後、書道の道に進みました。時計のセイコーで引き出物の時計やプレートに文字を書く仕事に長くつきまして、書道の先生もしました。好きな油絵は、今も続けています。

貴田：松原さんは、今でも細かいきっちりした絵を描くもんなぁ。おれはわりと早くに看板制作から離れてディスプレイの仕事に専念してたけど、リタイアしてからは、趣味で水彩画を描いてる。神戸の高架下で昔の女優のブロマイド写真を買ってきて、デッサンを描いたりもしてるよ。マリリン・モンローや原節子とか。

──最後の看板は何でしたか？

岸本：昔は先生に「不二工芸のホープや、希望の星や」ってよく言われましたけどね。不二工芸で最後の映画館の看板を描くことになろうとは。千日前セントラルの『日本沈没』、2006年。不二工芸にとっては劇場前の看板はこれが最後です。でも、休館する1970年4月までのスバル座の看板は「本物」、アートの香りがしてました。伊藤さんの色の使い方が上手で柔らかくて、爽やかで情感があった。それを先生が仕上げるのです。切り出しも大きくて迫力があった。やっぱり絵が

素晴らしかった。

伊藤：梅田とかに、次回公開とか上映してるとかいう看板は、長いこと描いてましたよ。映画館の前でないだけで。

岸本：阪急梅田駅と中津駅の間の線路沿いに映画宣伝の手描きの絵看板がまだ上がってました。それもしばらくしたら無くなりました。日宣という広告代理店から仕事がきていました。

——師匠だった不二夫さんとの思い出話を教えていただけますか？

伊藤：僕は好きやさかいね、社長がね。最後まで残りましたよ。きっしゃん（岸本氏）もいたしね。いつ辞めたかなんて全然覚えてない。三味線しながら、電話かかってきて「ちょっと仕事頼むから来てくれ」って言われて。そんなノリで「はいはい」って僕の空いた日に行ってました。松原さんも出口さんも、気難しい芸術家タイプやったでしょ。僕一番可愛がってもうたんですよ、こんなんでいい加減やし（笑）。

松原：先生はよく夜に描きはったんです。戦後、しばらく計画停電ゆうのがあって、30分ごとに電気が切れるんですよ。それでどうしたかというと。自転車を持ってきて、看板の方に向けて全力で漕ぐんです。人間発電機！　それで、別の場所を描くときは、自転車の向きを変えてまた漕ぐ！（笑）　まだ私が下働きやった頃のことです。

伊藤：映画館でも、もちろん計画停電があったから、映画を見てる途中で真っ暗。しょうがないから皆大人しく待ってるんですわ。映画が再開したら拍手する。当時は娯楽ゆうたら映画しかなかったんです。

松原：私とこ、実家が花屋やってたんですよ、奈良県で。ひとつ先生が教えてくれたことがあって、「松っちゃんお前とこ花屋やな、花は何で美しいんや？」と。「色も形も色々あってええ匂いがするし」て答えたら、「それもある。ところが花は何で美しいのか、それは生きてるからや」と。はい、生きてなあかんねんて。

——戦争から戻られた不二夫さんの心からの言葉だったのかもしれませんね。ところで皆さんのお話の中に、出口貞三さんのお名前がよく出ましたね。

岸本：出口さんは、長い間、先生の右腕やったんです。独立しやはって、豊中に大きい工房まで作りはったのに、その10年後ぐらいの1989年に倒れはった。そ

の後遺症で右手が使えなくなってしまったんです。それで仕事を辞めはってその後一生懸命リハビリして、亡くなるまで、左手で水彩画とかを描いたりもしてはりました。味のあるええ絵でしたよ。

松原：私は、出口さんにもう一度会いたい。一年先輩でした。ここにいはったらなぁ、と思います。先生に「これからは出口と2人で中心になってがんばれ」言われたこともありました。新聞のインタビュー記事を読みましたが、ほんまに出口さんの言う通りやと思います。この記事は、不二工芸を辞めて独立しはってから40代の頃やけどね。

——1979年10月5日付の御堂筋新聞の記事ですね。出口さんはそのインタビューで、こんなことを話されています。

       ＊

　とにかく絵が好きだったし、肖像画を習ってたんよね。それで絵の先生に相談したら、「お前、看板屋へ入れ。その方が食いっぱぐれがないから。絵はそれをやりながらでも出展できる」と言われた。もちろん美術学校へは行きたかったけれど、戦後のドサクサでそんな余裕もなかったしね。それで親父と二人で、梅田〜難波まで、看板屋を探しまわったね。その時は僕も親父も”多少の月謝を払ってでも”という気持ちだった。「絵」を教えてもらうんですから。でも七百円だったかナ、給料もらいましたよ（笑）。〈中略〉

　最初の頃は、どういうわけか自分の知っている者の顔に似てくるんやね（笑）。

　誰も細かく教えてなんかくれなかったな。すべて、みんなの描いているのを盗み見して覚えていった感じ。それから洋画（※西洋絵画）の雑誌。いい色使ってたから、それを切り抜いておいて参考にしたり……街を歩けば必ず看板を意識して見るようにしていた……毎日が勉強でしたね。〈中略〉

　看板というものの性質上、遠くから見て効果があがるように描かなアカンでしょう。だからあまり細かく描きすぎると、イザ、上がった時なんかジジくさいナという感じになるんやね。そうかと言って、あまり省きすぎると絵が薄っぺらになってしまうし……。やっぱり「色」でキマルね、どういう雰囲気を出すのでも。看板を見て、お客さんが行ってみたい、入ろうかナ、という気にさせるものを——やっぱり責任を感じますよ。

貴田：この記事は、奥さんが大切にアルバムに保管してはったのを借りたんや。ほんまに真面目なやつで、絵のことばっかり考えてたなぁ。スランプのときもあって、なんべんもなんべんも描き直すから、だんだん絵の色が濁ってくるぐらいやった。どこに遊びに行くにも、スケッチブックを持ち歩いてたわ。

——お話をうかがい、現役を退かれてから半世紀以上経つ方もいらっしゃるのに、とても細かいところまで憶えていらっしゃるので大変驚きました。みなさんのチャレンジ精神と骨身を惜しまない努力を感じます。それだけやりがいのある、魅力のある職業だったのだろうと想像します。

岸本：看板絵の魅力はオリジナリティ。看板を見て、誰が描いたとすぐわかる個性が好きです。原稿の写真をいかに絵画化するか。写真みたいな絵は嫌いです。それなら写真でいい。また、ハケを使って早く描ける。先輩方が大きな顔をあっという間に描いたスピードに魅せられました。

伊藤：映画館の絵看板の全盛期は、映画の全盛期と同じでしたよね。看板描きは、やっぱり好きじゃないとできない仕事だと思います。

松原：外国映画では『ローマの休日』、日本映画では『七人の侍』、これを同時にやってるんですよ、千日前で。スバル座と敷島で。200メートル位離れたとこでね、今でいう歴史に残る名作映画が同時に封切られてるんです。どっちも不二工芸。その看板を、私はいまでも忘れない。

1965–1972

前274-275ページ

『東京オリンピック』

東宝敷島劇場／敷島シネマ
1965年公開
監督：市川崑

1964年開催の東京オリンピックを撮影したドキュメンタリー。競技全体を冷静に俯瞰するスタイルが単なる記録映画以上の美を生み出したが、それが「記録か芸術か」論争を引き起こした。興行的には大ヒットした。

『怪獣大戦争』

東宝敷島劇場／敷島シネマ
1965年公開
監督：本多猪四郎
出演：宝田明、ニック・アダムス
（併映『エレキの若大将』
　　　『荒野の用心棒』）

X星人がキングギドラを操り、地球侵略を企てる。伊福部昭作曲の勇壮な「怪獣大戦争マーチ」でも知られるシリーズ第6作。ゴジラが「シェー」のポーズをした"問題作"でもある。X星人役の水野久美がとにかく美しい。

『徳川家康』

千日前
1965年公開
監督：伊藤大輔
出演：北大路欣也
　　　中村錦之助

正月映画として公開された大作時代劇。山岡荘八原作
のベストセラーをもとに、家康の生い立ちから桶狭間
の戦いまでを描く。中村錦之助が織田信長役で出演し、
戦闘場面での立ち回りも見事に演じた。

『メリー・ポピンズ』 Mary Poppins

スバル座
1965年公開
監督：ロバート・スティーヴンソン
出演：ジュリー・アンドリュース

ウォルト・ディズニー製作、アニメと実写を融合した
ミュージカル映画。舞台で活躍していたジュリー・ア
ンドリュースにとってこれが初の映画主演作であり、
アカデミー賞では主演女優賞を含め5冠に輝いた。

『おしゃれ泥棒』 How to Steal a Million

スバル座
1966年公開
監督：ウィリアム・ワイラー
出演：オードリー・ヘプバーン
　　　ピーター・オトゥール

贋作画家の娘と、彼女に恋をした探偵によるおかしな
美術品強奪計画。『ローマの休日』の監督・主演コンビ
が贈る軽快なコメディだが、ジバンシィによるオード
リーの華麗なファッションには思わずため息が漏れる。

『ドクトル・ジバゴ』 Doctor Zhivago

スバル座

1966年公開

監督：デヴィッド・リーン

出演：オマー・シャリフ

　　　ジュリー・クリスティ

ボリス・パステルナークの原作を『アラビアのロレンス』のロバート・ボルトが脚色、デヴィッド・リーンが監督。ロシア革命を背景に、激動の時代を生きた詩人／医者の男の生涯が描かれる。アカデミー賞5部門を受賞。

『パリは燃えているか』 Paris brûle-t-il?／Is Paris Burning?

北野劇場
1966年公開
監督：ルネ・クレマン
出演：ジャン＝ポール・ベルモンド

第二次世界大戦末期、パリ解放の2週間を描いた仏・米合作による歴史超大作。世界各国から有名スターが集合し、実際のパリ市街を封鎖して撮影された。脚色には後の大監督コッポラも携わっている。

『引き裂かれたカーテン』
Torn Curtain

スバル座
1966年公開
監督：アルフレッド・ヒッチコック
出演：ポール・ニューマン

冷戦時代の東ドイツを舞台にしたスパイ活劇。
イギリスの外交官がロシアに亡命した実際の
事件をもとに構想された。男は売国奴か二重
スパイか。政治劇に男女2人の駆け引きを洒
脱に盛り込んだ、ヒッチコックの後期作。

『動く標的』
Harper

東宝敷島劇場／敷島シネマ
1966年公開
監督：ジャック・スマイト
出演：ポール・ニューマン、ローレン・バコール

ロス・マクドナルドの小説を原作にしたハー
ドボイルド映画。ポール・ニューマン演じる
私立探偵が、大富豪の男の捜索を引き受けた
ことから、複雑な陰謀に巻き込まれる。主人
公と離婚協議中の妻役はジャネット・リー。

『悲しみは星影と共に』
Andremo in città

スバル座
1966年公開
監督：ネロ・リージ
出演：ジェラルディン・チャップリン、
ニーノ・カステルヌオーヴォ

第二次世界大戦時、ナチ・ドイツ軍占領下の
ユーゴスラビアで懸命に生きる、ユダヤ人の
娘レンカと、盲目の弟ミーシャの悲劇。『さ
すらいの二人』を手がけたイヴァン・バンド
ールの美しい音楽が涙を誘う。

『怒涛一万浬』

東宝敷島劇場／敷島シネマ

1966年公開

監督：福田純

出演：三船敏郎、三橋達也

（併映『ゼロ・ファイター 大空戦』『動く標的』）

カナリヤ群島のラスパルマス付近で漁をする
マグロ船「第八東丸」を舞台に、乗組員たち
の苦難のドラマを描いた海洋映画。頑固な船
長・矢野役を三橋達也が、本社から派遣され
た新任の漁労長・村上を三船敏郎が演じた。

『沈丁花』

東宝敷島劇場／敷島シネマ

1966年公開

監督：千葉泰樹

出演：京マチ子

（併映『あこがれ』）

京マチ子・司葉子・団令子・星由里子、四人
姉妹の結婚事情を名匠・千葉泰樹が描く。冒
頭、4人が横一列に並んで歩くシーンは圧巻。
京マチ子が結婚する前夜の、母親・杉村春子
とのやりとりが泣ける。衣装は高峰秀子。

『神火101 殺しの用心棒』

浪花座

1966年公開

監督：石井輝男

出演：竹脇無我、林翠

（併映『男の顔は切り札』）

石井輝男が松竹で撮った、偽札偽造団と秘密
警察の国際犯罪アクション。吉田輝雄、嵐寛
寿郎、大木実らが好演。全編香港・マカオロ
ケで、なかでも水上生活者の舟が大量に停泊
する「香港仔（アバディーン）」の風景が見
られるのが貴重。

『ロシュフォールの恋人たち』 Les Demoiselles de Rochefort

スバル座
1967年公開
監督：ジャック・ドゥミ
出演：カトリーヌ・ドヌーヴ
　　　　フランソワーズ・ドルレアック

南フランスの港町を舞台にした色鮮やかなミュージカル。理想の恋人を夢見る双子の姉妹を、実の姉妹ドヌーヴとドルレアックが演じる。ジーン・ケリーやジョージ・チャキリスらアメリカの俳優も出演。

『トッポ・ジージョのボタン戦争』

東宝敷島劇場／敷島シネマ
1967年公開
監督：市川崑
出演：中村メイコ（声）

当時TVで人気を博していた人形劇『トッポ・ジージョ』
を市川崑監督が映画化。アルベール・ラモリス監督『赤
い風船』と、冷戦下の政治状況をモチーフに、トッポ・
ジージョのハードボイルドな大冒険が描かれる。

伯爵夫
OSスバル座
開場：平日 11.40
日のみ 9.40
3月 29 水曜
美容整形 男子整形
丸野整形
312－2228
監督
チ
マ
共演

前288-289ページ

『伯爵夫人』 A Countess from Hong Kong

スバル座
1967年公開
監督：チャールズ・チャップリン
出演：マーロン・ブランド
　　　ソフィア・ローレン

東南アジア某国の大使に任命された外交官は、豪華客船で、謎を秘めた美しき伯爵夫人と出会う。アメリカへの亡命を願う彼女をかくまううち、2人の心は徐々に接近する。チャップリン初のカラー作品にして最後の監督作。

『ドリトル先生不思議な旅』 Doctor Dolittle

スバル座
1967年公開
監督：リチャード・フライシャー
出演：レックス・ハリソン

動物と会話ができる不思議な能力を持ったドリトル先生の大冒険。名作童話をもとに、70mmで製作されたミュージカル・ファンタジー。『ミクロの決死圏』のフライシャー監督による数々の特撮も話題に。

『モダン・ミリー』 Thoroughly Modern Millie

スバル座
1967年公開
監督：ジョージ・ロイ・ヒル
出演：ジュリー・アンドリュース

1920年代、狂乱のニューヨークを舞台に、怖いもの知らずのモダン・ガール、ミリーが巻き起こすおかしな大騒動。ミュージカルスターが総出演し、痛快なミュージカル映画に仕上がった。

『ジェーン・エア』 Jane Eyre

スバル座
1967年リバイバル公開
監督：ロバート・スティーヴンソン
出演：ジョーン・フォンテイン
　　　　オーソン・ウェルズ
（併映『ロシュフォールの恋人たち』）

シャーロット・ブロンテによるイギリス文学史上の名作を映画化した1944年製作の作品。孤児として育ったジェーンは、家庭教師として雇われた邸宅で、奇妙な魅力を放つ主人ロチェスターと運命の出会いを果たす。

定点写真で見る映画館と絵看板

かつて絵看板が掲げられていた場所は、50〜60年を経た現在、どのように様変わりしているだろうか。ほぼ同じ場所から撮影した定点写真を見くらべてみる。

資料・カラー写真提供：南 明弘／南 晃代（2021年1月撮影）

東宝敷島劇場

写真左は、昭和35（1960）年頃に常盤座の前から撮影した東宝敷島劇場。『ハワイ・ミッドウェイ大海空戦 太平洋の嵐』（P178）の大きな屋上看板が掲げられている。この通りだけで7館が立ち並ぶ劇場街だった。写真右は、令和3（2021）年にほぼ同じ位置で撮影したもの。

スバル座

写真左は昭和41（1966）年頃にスバル座前（写真左手前）から道頓堀方面（北側）を撮影したもの。『悲しみは星影と共に』（P284）を上映中。看板が電飾で飾られている。写真右はほぼ同じ位置から撮影したもの。スバル座の跡地は複合エンターテインメント施設になっている。

松竹座

写真左は昭和33（1958）年頃の松竹座。入口上に、上映中の『若き獅子たち』（P142）の「THE
YOUNG LIONS」の字が掲げられている。現在も、大正時代に建築されたファサードは保存再生さ
れている。

千日前セントラルの野外看板

写真左は昭和45（1970）年頃の千日前道具屋筋横。千日前セントラルのロードショウ『チャイコ
フスキー』の野外看板が掲げられている。劇場のない現在（写真右）も「千日前セントラル」の
文字看板が。道具屋筋に向かう手前には吉本興業の「なんばグランド花月」がある。

『風と共に去りぬ』 Gone with the Wind

スバル座
1967年リバイバル公開
監督：ビクター・フレミング
出演：ヴィヴィアン・リー
　　　　クラーク・ゲーブル

アメリカ南部の白人貴族社会で生まれ育ったスカーレットの半生を、ヴィヴィアン・リーが演じる。大恐慌を経た黄金期のハリウッドの超大作であり、日本では戦後復興期の1952年に初めて封切られ、大ヒットを記録した。

『グラン・プリ』 Grand Prix

スバル座（OS劇場看板）
1967年公開
監督：ジョン・フランケンハイマー
出演：ジェームズ・ガーナー、イヴ・モンタン

政治サスペンスやアクション大作を多く手がけたフランケンハイマー監督の、カーレースに人生を賭けた男たちの活劇ドラマ。シネラマの大画面で展開される大迫力のレース風景が話題に。三船敏郎が自動車会社社長役で出演。

『昼顔』 Belle de Jour

スバル座
1967年公開
監督：ルイス・ブニュエル
出演：カトリーヌ・ドヌーヴ

貞淑な妻セヴリーヌは、抑えきれない性的欲望から、昼間だけの娼婦「昼顔」へと変身する。カトリーヌ・ドヌーヴの氷のような美しさを見事に映し出し、巨匠ブニュエルにとって最大のヒット作となった。

『少年ジャックと魔法使い』

百貨店屋上
1967年公開
監督：藪下泰次
出演：中村メイコ（声）
（併映『マグマ大使』
『サイボーグ009 怪獣戦争』）

東映動画創立10周年記念作品として製作されたアニメ映画。悪魔製造機によって世界中の子を仲間にしようと企む魔女グレンデル。誉れ高い騎士の血を引く少年ジャックは、仲間の動物達と力を合わせ魔女と対決する。

『アンナ・カレーニナ』 Anna Karenina

スバル座
1968年公開
監督：アレクサンドル・ザルヒ
出演：タチアナ・サモイロワ

これまで何度となく映画化されてきたトルストイの名作小説を、ソビエト映画界の重鎮ザルヒ監督が手がけた文芸大作。撮影は『ロマノフ王朝の最期』等で知られるレオニード・カラーシニコフ。

『しのび逢い』 Interlude

スバル座
1968年公開
監督：ケヴィン・ビリングトン
出演：オスカー・ウェルナー
　　　バーバラ・フェリス

世界的に有名な指揮者の男と、彼の仮病を暴く記事を書いた女性新聞記者。唐突に始まった2人の恋を回想形式で情緒たっぷりに綴っていく。ウェルナーはトリュフォー監督の『華氏451』に続く主演作。

『オリバー！』 Oliver!

スバル座
1968年公開
監督：キャロル・リード
出演：マーク・レスター

ディケンズの『オリバー・ツイスト』を原作
にした同名ミュージカルの映画化。孤児の少
年オリバーの冒険を描いた本作は、アカデミ
ー賞で作品賞・監督賞をはじめ5部門を征覇
した。

『2001年宇宙の旅』
2001: A Space Odyssey

スバル座（OS劇場看板）
1968年公開
監督：スタンリー・キューブリック
出演：キア・デュリア、ゲイリー・ロックウッド

宇宙に佇む謎の黒石板。人類を欺く人工知能
コンピュータ。鬼才キューブリックによる壮
大な映像叙事詩は鮮烈なイメージを数々生み
出し、その後の映画に多大な影響を与えた。
まさにSF映画の金字塔。

『世界のティーンエージャー』
Les Teenagers

千日前セントラル
1968年
監督：ピエール・ルスタン

1967年当時の若者たちの姿を世界各国で映し
たドキュメンタリー。NYのヒッピー、ミニ
スカート姿のロンドン・ギャル、北京で行進
する紅衛兵、5月革命下のパリの若者たち。
彼らの姿から各国の文化と歴史が見えてくる。

『招かれざる客』 Guess Who's Coming to Dinner

スバル座
1968年公開
監督：スタンリー・クレイマー
出演：スペンサー・トレイシー
　　　　シドニー・ポワチエ

娘が黒人の婚約者を連れてきたことで自分たちの欺瞞
が暴かれていく白人のインテリ夫婦。人種差別を題材
にした本作は後の『ゲット・アウト』（2017年）にも
着想を与えた。トレイシーは撮影直後に急逝し、これ
が遺作となった。

『心を繋ぐ6ペンス』 Half a Sixpence

スバル座
1968年公開
監督：ジョージ・シドニー
出演：トミー・スティール
　　　　ジュリア・フォスター

愛情の証に半分に割った6ペンス銀貨を分け合った2人の孤児。成長した男は思わぬ偶然から大金を手にし、2人の運命は大きく変化する。H・G・ウェルズの自伝的小説をもとにした人気ミュージカルの映画化。

『夜明けの二人』

浪花座
1968年公開
監督：野村芳太郎
出演：橋幸夫、黛ジュン

銀座のふぐ料理店の跡取り息子だが写真家を夢見る青年と、ハワイに住む日系三世の娘の恋愛映画。ハワイ移民百年祭記念映画として作られた本作はハワイ各地で撮影された。主演の橋幸夫は劇中でも歌声を披露している。

『ファニー・ガール』 Funny Girl

スバル座
1969年公開
監督：ウィリアム・ワイラー
出演：バーブラ・ストライサンド

売れない踊り子ファニーの成長を描いた人気ミュージ
カルの映画化。舞台で当たり役となったバーブラ・ス
トライサンドが映画版にも出演し、大ヒット。彼女は
その後歌手・俳優・監督として映画同様に大成功を遂
げる。

『個人教授』 La Leçon Particulière

スバル座
1969年公開
監督：ミシェル・ボワロン
出演：ルノー・ヴェルレー
　　　ナタリー・ドロン

18歳の男子高校生と、恋人がいながら青年に惹かれて
いく年上の女。パリを舞台に、フランシス・レイの音
楽が彩るほろ苦い青春ラブストーリー。主役を演じた
ルノー・ヴェルレーは日本でも大人気となった。

『恋人たちの場所』 A Place for Lovers

スバル座
1969年公開
監督：ヴィットリオ・デ・シーカ
出演：フェイ・ダナウェイ
　　　　マルチェロ・マストロヤンニ

不治の病を抱えたファッションデザイナーの女とエンジニアの男。イタリアを舞台に、フランスとアメリカのスター俳優が奏でる悲しいメロドラマ。撮影はヴィスコンティの後期作品を多く手がけたパスクァリーノ・デ・サンティス。

『オー!』 Ho!

南街劇場
1969年公開
監督：ロベール・アンリコ
出演：ジャン＝ポール・ベルモンド

アクション俳優として人気を博したベルモンドと『冒険者たち』のロベール・アンリコ監督による異色の青春ノワール。元カーレーサーで今では銀行強盗団の一味となったオランの成功と破滅を、ユーモアを交え鮮烈に描く。

『約束』 The Appointment

スバル座
1969年公開
監督：シドニー・ルメット
出演：オマー・シャリフ
　　　アヌーク・エーメ

街で見かけた美しい女に一目惚れした弁護士の男。やがて男は女を手に入れるが、妻は娼婦ではないか、という疑いに取り憑かれた男は、自ら結婚生活を破滅へ導いていく。たったひとつの疑惑が生んだ悲しいメロドラマ。

『さすらいの青春』 Le Grand Meaulnes

スバル座
1969年公開
監督：ジャン＝ガブリエル・アルビコッコ
出演：ブリジット・フォッセー
　　　　ジャン・ブレーズ

19世紀末、フランスのソローニュ地方で出会った若者たちは、愛と友情の間でさまよい歩く。彼らの出会いと別れを幻想的に描き出す青春劇。『禁じられた遊び』の後、一時休業していたフォッセーは本作で俳優業を再開した。

『別離』 La Chamade

スバル座
1969年公開
監督：アラン・カヴァリエ
出演：カトリーヌ・ドヌーヴ
　　　ミシェル・ピコリ

年上の実業家に囲われ何不自由ない生活を送るルシールは、同世代の男と出会い恋に落ちる。原作はサガンの小説『熱い恋』。イヴ・サンローランの衣装を纏うドヌーヴが、贅沢を何より愛する女ルシールを見事に演じた。

『さよならコロンバス』 Goodbye, Columbus

スバル座
1969年公開
監督：ラリー・ピアース
出演：リチャード・ベンジャミン
　　　アリ・マッグロー

フィリップ・ロスの短編小説をもとに、1950年代後半のアメリカの若者たちの恋愛事情とセックス感を描いたほろ苦い恋愛コメディ。主演のアリ・マッグローは次作『ある愛の詩』で一気にスター女優になる。

『If もしも....』 If....

スバル座
1969年公開
監督：リンゼイ・アンダーソン
出演：マルコム・マクダウェル

伝統あるイギリスの名門パブリック・スクールで、教
師や上級生には絶対服従という掟に反抗する3人組は
やがて驚くべき反乱を計画する。カンヌ国際映画祭パ
ルム・ドールを受賞した衝撃作。

『ハロー・ドーリー！』 Hello, Dolly!

スバル座
1969年公開
監督：ジーン・ケリー
出演：バーブラ・ストライサンド

ジーン・ケリーが監督した、19世紀後半のニューヨークを舞台にした壮大なミュージカル映画。ストライサンドが陽気な未亡人を演じ、他人の恋の世話焼きから見事自身の恋まで成就させるコメディ。

『ジョンとメリー』 John and Mary

スバル座
1969年公開
監督：ピーター・イェーツ
出演：ダスティン・ホフマン
　　　ミア・ファロー

ニューヨーク、一夜を共にした男と女。素性も知らない、昨夜の出会いの記憶すらない2人がやがて名前を教え合うまでの時間を、嫉妬や誤解、探り合いを重ねる会話劇を通して描き出す。

『アポロンの地獄』 Edipo Re

千日前セントラル

1969年公開

監督：ピエル・パオロ・パゾリーニ

出演：フランコ・チッティ、シルヴァーナ・
マンガノ、アリダ・ヴァリ

鬼才パゾリーニが恐るべき映像美で作りあげ
た「オイディプス王」。父を殺し母と交わる
と予言された青年の悲劇を描きつつ、母への
愛と父への憎悪を描いた監督自身の自伝でも
ある。撮影は灼熱のモロッコで行われた。

『テキサスの七人』 Journey to Shiloh

市岡セントラル

1969年公開

監督：ウィリアム・ヘイル

出演：ジェームズ・カーン、マイケル・サラザン

（併映『国際秘密結社』）

南北戦争を背景に、テキサスのならず者たち
の青春を描く異色の西部劇。栄光を求め軍に
参加した若者7人が辿る無慈悲な運命を冷や
やかに映し出す。主演は『エル・ドラド』で
若きガンマンを演じたジェームズ・カーン。

『ヨーロッパ赤線地帯』
In Frankfurt sind die Nächte heiß

市岡セントラル

1969年公開

監督：ロルフ・オルセン

出演：ヴェラ・チェコヴァ

（併映『激しい女』）

1966年、ドイツのフランクフルトで起きた高
級コールガール殺人事件をセミ・ドキュメン
タリー形式で追うミステリー。事件を追うう
ち、被害者を取り巻く赤線地帯の実態がまざ
まざと見えてくる。

『モンテカルロ・ラリー』
Monte Carlo or Bust!

千日前セントラル

1969年公開

監督：ケン・アナキン

出演：トニー・カーティス

モンテカルロのゴールへ向かうカーレースを
題材に、世界各国から集まったアマチュアレー
サーたちが繰り広げる大騒動を描いたコメ
ディ映画。改造車をはじめとする数々のクラ
シック・カーもマニア心をくすぐる。

『慕情のひと』 Bamse

スバル座

1969年公開

監督：アルネ・マットソン

出演：グリネット・モルビグ、

ビヨルン・タンベルト

大胆な裸体描写が国際的に話題を呼んだスウ
ェーデン映画『春の悶え』のアルネ・マット
ソン監督による恋愛映画。ある初老の男の交
通事故死によって、彼の息子と1人の女の人
生が悲しく交差する。

『カトマンズの恋人』
Les Chemins de Katmandou

千日前セントラル

1970年公開

監督：アンドレ・カイヤット

出演：ルノー・ヴェルレー、ジェーン・バーキン

パリ5月革命に挫折した青年と、旅の途中に
出会ったヒッピー娘。恋に落ちた2人は旅を
続けるがそこにはさらなる退廃と絶望が待っ
ていた。当時のバーキンの夫セルジュ・ゲン
ズブールが音楽を手がけ、出演もしている。

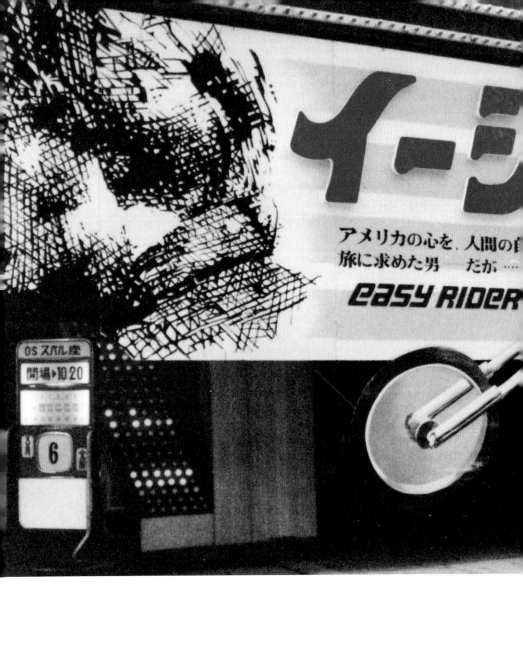

『イージー・ライダー』 Easy Rider

スバル座
1970年公開
監督：デニス・ホッパー
出演：ピーター・フォンダ
　　　デニス・ホッパー

アメリカン・ニューシネマを代表する傑作ロードムービー。これまでのハリウッド映画とはまったく異なる地平を切り開いた本作は低予算ながら大ヒットし、監督としてのデニス・ホッパーの名前を一躍有名にした。

『屋根の上のバイオリン弾き』 Fiddler on the Roof

千日前セントラル
1971年公開
監督：ノーマン・ジュイソン
出演：トポル
　　　ノーマ・クレイン

19世紀末、ウクライナの小さな農村で、激動の時代を生きるユダヤ人一家の姿を描いた同名ミュージカルの映画化。ユダヤ人迫害の迫るなか、けなげに家族を愛するテビエ役を演じたのは『フォロー・ミー』のトポル。

『チャイコフスキー』 Tchaikovsky

千日前セントラル

1970年公開

監督：イーゴリ・タランキン

出演：インノケンティ・スモクトゥノフスキー、マイヤ・プリセツカヤ

ロシアの大作曲家チャイコフスキーの激動の半生を、親友との友情、妻や愛人との複雑な関係を通して描いた伝記映画。製作には、ソ連が誇る一流音楽家・映画人が勢揃いした。

『ニコライとアレクサンドラ』
Nicholas and Alexandra

千日前セントラル　1972年公開

監督：フランクリン・J・シャフナー

出演：マイケル・ジェイストン、ジャネット・サズマン

ロシア帝国最後の皇帝ニコライ2世と皇后アレクサンドラ。息子アレクセイの病と怪僧ラスプーチンの台頭をきっかけにした、ロマノフ王朝滅亡までの悲劇を壮大な映像で描いた歴史大作。

『哀愁のシェリー』 Face-Off

千日前セントラル

1972年公開

監督：ジョージ・マッコーワン

出演：トルディー・ヤング、アート・ヒンドル

偶然出会った花形アイスホッケー選手と人気ポップ・シンガー。2人は愛し合いながらも、自らの生きる世界に馴染めず破滅へ向かっていく。カルトムービー『吸血の群れ』のマッコーワン監督による青春恋愛映画。

泥絵の具で描かれた原画の世界

かつて映画館の前には、スチール写真やポスターを掲げるための、看板より小さいフレームがあった。ここで紹介するのはスバル座前のフレームに掲示された『海底二万哩』（1955年公開）の原画（縦39×横56cm）。描いたのは松原成光氏（P44）。半世紀以上経つ今も、鮮やかな色彩を放つ。

上の絵は、潜水艇ノーチラス号の基地であるバルケニア島の鳥観図と思われる。右上は、バルケニア島の壮絶な爆発ラストシーン。右下の2点は、昭和29（1954）年に松原氏が自宅で練習のために描いた女優の習作。左が久我美子、右が香川京子。残っている絵看板の写真はすべてモノクロなので、当時の彩色の仕方を垣間みることができる貴重な資料だ。

昭和20年代の映画パンフレットと宣伝物

映画館が発行していた昭和20年代の貴重なパンフレットやチラシ、プログラム。
作品解説はもちろん、映画館の挨拶文や近日封切の予告なども興味深い。

資料・写真提供：南 明弘／南 晃代

敷島劇場　『極楽闘牛士』チラシ

　昭和22（1947）年2月11日、『極楽闘牛士』公開時のチラシ。『極楽闘牛士』は、『極楽
二人組』『極楽守備隊』などの極楽コンビ、スタン・ローレルとオリヴァー・ハーディー主
演の1945年度作品。この時代の敷島劇場の館名が入っているチラシは非常に少なく貴重だ。
近日封切のアメリカ新着映画として、『征服』『ラプソディ・イン・ブルー』『夜霧の港』の
作品情報も掲載されている。

大阪スバル座ニュース

　4年間しか存在しなかった「大阪スバル座」のパンフレット（昭和24年10月26日発行／No.27）。「大阪スバル座ニュース」として発行された数少ないものと思われる。このパンフレットからは、「昭和24年当時、大阪唯一のロードショウ館であったこと」「『蘇る熱球』の上映から自由席制に変わったこと（開館時は指定席制）」「ロマンスシートと呼ばれた指定席があったこと」「サンフランシスコ・シールズ（＊）の来日にあわせて封切りされたこと」「アメリカ映画104本祭記念で封切りされたこと」がわかる。

　表紙の作品は『蘇る熱球』（The STRATTON STORY）。猟銃の暴発で片足を失いながらも、妻の励ましや努力によって再びマウンドに立った実在の野球選手モンティ・ストラットンの自伝映画。

＊San Francisco Seals。1903〜57年にアメリカに存在していたプロ野球チーム。
　昭和24年10月21日に西宮球場で全西軍（プロ野球チーム）と対戦している

ＯＳチェーン千日前スバル座
『シンデレラ姫』パンフレット

　昭和28（1953）年4月5日、『シンデレラ姫』（P25）千日前スバル座封切時のパンフレット（昭和28年4月1日発行／No.61）。色鮮やかなシンデレラのイラストを配したデザインが美しい。裏に不二工芸絵看板の最高傑作。同年4月21日公開の『地上最大のショウ』（P64）も紹介されている。

1975–1987

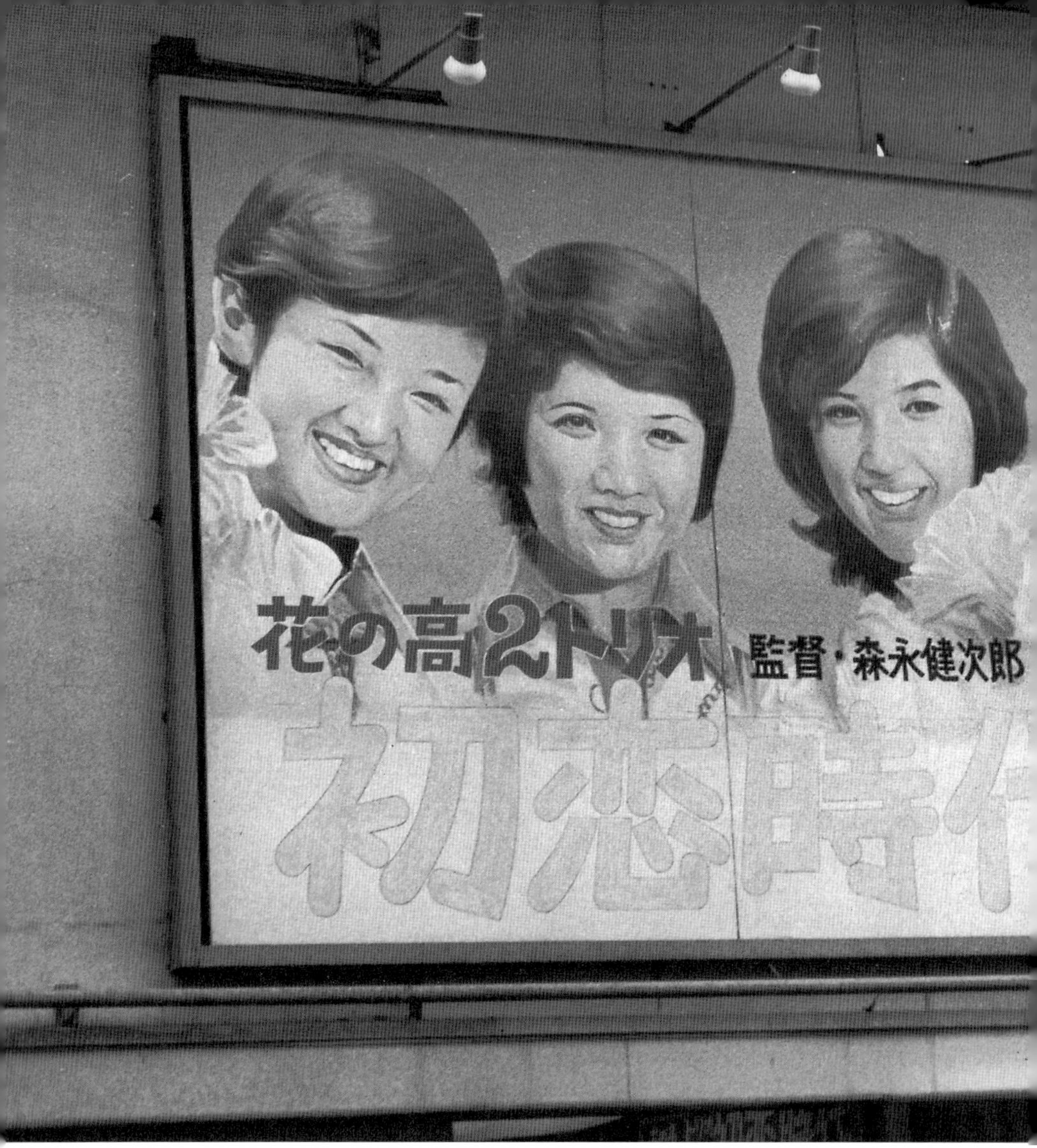
花の高2トリオ
監督・森永健次郎
初恋時

『花の高2トリオ 初恋時代』

三宮劇場看板　神戸阪急ビル
1975年公開
監督：森永健次郎
出演：山口百恵、森昌子、桜田淳子
（併映『青い山脈』）

「花の中三トリオ」として歌手デビューしてから2年、
三人娘が主演した青春映画。夏休みを利用してそれぞ
れ上京してきた3人は、同じデザイナーに憧れたこと
で互いを知り、忘れ難い東京の夏を体験する。

『愛人関係』 Les Seins de Glace

スバル座
1975年公開
監督：ジョルジュ・ロートネル
出演：アラン・ドロン
　　　　ミレイユ・ダルク

ミレーユ・ダルク演じる心を病んだ女と、彼女に惹か
れる２人の男をめぐる恋愛サスペンス映画。女に身を
捧げた弁護士役のドロンにまして、海辺で一目惚れし
てしまう放送作家役のクロード・ブラッスールが名演。

『愛の嵐』 Il Portiere di Notte

スバル座
1975年公開
監督：リリアーナ・カヴァーニ
出演：シャーロット・ランプリング
　　　ダーク・ボガード

かつてナチの将校だったホテルのポーターと、いまは指揮者の妻となっている、彼が強制収容所で弄んだユダヤ人の少女が13年後に再会し、愛憎入り交じった禁断の欲望に溺れてゆく。

前332-333ページ

『男はつらいよ 寅次郎夕焼け小焼け』

浪花座
1976年公開
監督：山田洋次
出演：渥美清、倍賞千恵子、太地喜和子
（併映『忍術猿飛佐助』）

播州龍野を舞台とし、姐御肌の芸者役に太地喜和子を迎えた「寅さん」シリーズ第17作。老いた画家の役に宇野重吉、そのかつての恋人役に岡田嘉子とゲスト陣の豪華さでも屈指の一作。

『スター・ウォーズ』 Star Wars

ＯＳ劇場
1978年公開
監督：ジョージ・ルーカス
出演：マーク・ハミル
　　　ハリソン・フォード
　　　キャリー・フィッシャー

一大シリーズ全体の礎となり、現在は『エピソード4 新たなる希望』として位置づけられる本シリーズ最初の一篇。SF映画を刷新して圧倒的な大衆性を与え、スペース・オペラ時代の幕開けを告げた。

『007／ムーンレイカー』 Moonraker

スバル座
1979年公開
監督：ルイス・ギルバート
出演：ロジャー・ムーア
　　　ロイス・チャイルズ
　　　マイケル・ロンズデール

世界的なSF映画ブームの最中で企画され、ついにジェームズ・ボンドが宇宙空間に飛び出すこととなった「007」シリーズ第11作。物語は目まぐるしく動き、ボンドはロサンゼルス、ヴェネチア、アマゾン奥地など世界を駆け巡る。

『里見八犬伝』

スバル座
1983年公開
監督：深作欣二
出演：薬師丸ひろ子、真田広之

特撮や英語の主題歌など時代劇としては型破りな試み
を満載し、1984年の日本映画の配給収入1位を記録し
た角川映画のファンタジー時代劇で、『スター・ウォー
ズ』ばりのワイヤー移動のシーンもある。

『スペースキャンプ』 SpaceCamp

スバル座

1986年公開

監督：ハリー・ウィナー

出演：リーフ・フェニックス

　　　リー・トンプソン

NASAの子ども向けキャンプの実習で乗ったスペースシャトルが本当に宇宙に出発してしまい、地上の支援を得て子どもたちは無事地球に帰還する。子役時代のホアキン・フェニックスがリーフの名で主演。

『ゴールデン・チャイルド』 The Golden Child

ＳＹ角座／松竹角座
1987年公開
監督：マイケル・リッチー
出演：エディ・マーフィ

悪の集団の手でチベットの寺院から連れ去られた神秘の子ゴールデン・チャイルドの捜索を頼まれた、エディ・マーフィ演じる子探し屋がカトマンズを舞台に奮闘する冒険コメディ。

平成の映画絵看板

昭和も後半になるにつれ巨大な絵看板は姿を消したが、平成の時代も手描き看板は劇場前を彩っていた。写真資料として残っている最後の絵看板は『虹をつかむ男』。不二工芸が手掛けた最後の映画館前の看板は、平成18（2006）年公開の『日本沈没』だった。

『ネバーエンディング・ストーリー3』 The NeverEnding Story III

東宝敷島劇場／敷島シネマ
1994年公開
監督：ピーター・マクドナルド
出演：ジェイソン・ジェームズ・リクター

本の中の異世界に入り込み、幻想の国で壮大な冒険を体験する少年を描いた第1作から10年後に作られた第3作だが、ミヒャエル・エンデのファンタジー小説とは無縁のオリジナルストーリー。

『アイ・ラブ・トラブル』
I Love Trouble

東宝敷島劇場／敷島シネマ
1995年公開
監督：チャールズ・シャイア
出演：ジュリア・ロバーツ
　　　　ニック・ノルティ

鉄道事故を取材していた男性コラムニストが、ライバル紙の女性記者としのぎを削ってスクープを奪い合ううちに、協力して巨大な陰謀を暴くようになり、ついに2人は結ばれる。

『虹をつかむ男』

松竹浪花座
1996年公開
監督：山田洋次
出演：西田敏行、吉岡秀隆、
　　　　田中裕子
（併映『サラリーマン専科 単身赴任』）

『男はつらいよ』を引き継ぐシリーズとして製作された松竹の正月映画。徳島県の小さな町の映画館を舞台に、青年と映写技師の交流が描かれる。渥美清の追悼の色が濃い映画となったが、シリーズは2作で終了した。

映画看板——スター・イメージの生々流転　　　　　　　　　　　岡田秀則

看板が真っ白になった日

　東京は新宿駅の東口線路沿いには、かつて駅のすぐそばから通称「大ガード」までの150メートル強、人間の手で描かれた各劇場の巨大な映画看板がずらりと並んでいた。長い間、それが新宿駅前の風景であった。ところが、その看板たちがある日真っ白な板に戻った。2005年のことである。最後の方は手描きの絵を使わず、拡大した写真画像を用いたものが多数になっていたが、それでも看板というメディア自体の威容は変わらなかった。

　大きな駅前の空間を映画看板が占拠できたということは、それだけ社会的に映画という娯楽のプレゼンスが高かったことを意味する。そこは、いつも人々の待ち合わせの場所であった。看板で見かけた映画が気になった人は、たとえその日ではなくてもいずれその映画をかけている劇場に足を運ぶかもしれない、看板にはそういった興行者たちの期待が込められている。だが多くの人は、そこに来て、映画の話をすることはあっても、それが映画看板であるという事実に注目するわけではない。映画看板はあまりにも見慣れた日常風景だったのだ。

　2006年には真っ白な看板も撤去され、線路沿いの土地は塀に囲まれてしまった。それでも看板は各劇場入口の上には生き残っていたが、2014年の新宿ミラノ座の閉館による歌舞伎町映画街の消滅により、その命脈はほぼ尽きたようだ。その後近隣にTOHOシネマズ新宿が開館したのは朗報だったが、それだけで「映画街」と呼ぶことはできない。

　筆者が知る限りではあるが、東京で確認ができた最後の手描きの映画看板は、2015年6月13日に掲出された、角川シネマ新宿の「若尾文子映画祭 青春」のものだ。若尾文子の若き日の出演作『青空娘』(1957年) のメインビジュアルをベースにしたもので、当時すでにこの道38年だったベテラン北原邦明氏の仕事である。今も、現役を引退した絵師の方々は全国にいるはずだ。しかし近年は訃報も相次ぎ、盛岡市の映画館を60年以上飾り続けた小笠原正治氏が2013年に死去、2018年には東京都青梅市の町おこしにも貢献した名物絵師久保板観氏、さらに2020年には水戸市で活躍した大下武夫氏も他界した。今でも活躍が確認できるのは、新世界国際劇場の看板を手がけている大阪の絵師八条祥治氏など、もは

や数は少ない。この職能そのものが終焉に近づいている、と言わざるを得ないが、その志を継ぐ絵師たちが現れているとも聞く。

「眼力」を作る

　映画の宣伝は、今も昔も、その主体によって大きく製作宣伝・配給宣伝・劇場宣伝に分けられる。いずれもヒットには欠かせないが、映画作りの段階からニュース化される製作宣伝や、伝統的に新聞広告やポスター、チラシ、その後はテレビコマーシャルにも展開、現代ではインターネットも駆使される配給宣伝に比べると、映画館自らが行う劇場宣伝は、その場所だけに根ざしたものであり、それだけになかなか世の注目を浴びにくい。しかし戦後の一時期までは、新聞広告のような宣伝だけでなく、人の耳目を集める最後の切り札として劇場宣伝の価値もまだ大きく、その花形となるのが看板であった。映画が大衆娯楽の中心であった1960年代までは映画看板もその最盛期を謳歌していたのだが、1970年代後半にもなると映画のテレビコマーシャルも頻繁に見られるようになり、劇場宣伝の重要性は徐々に薄らいでいった。

　映画看板は、前述の通り、映画館そのものを飾る看板と街角に掲示される街頭看板に大きく分けられるが、いずれも上映作品の主演スターの像をフィーチャーすることに変わりはない。看板に配されるスターのビジュアルの基になるのは、まずはその映画のポスター、あるいはプレスシートなどの宣伝資料だ。しかし、看板の縦横比は劇場によってまちまちだから、そこにある俳優たちの姿を転用はするけれども、的確な再レイアウトが欠かせない。

　それよりも肝腎なのは、俳優たちが生きているかのように見せることである。まずは、当たり前のようでも実は重要なのだが、俳優がきちんと本人に似ていなければならない。これは基本である。だが、ただ似ているだけでは十分ではない。絵看板には、スターたちが街ゆく私たちを見つめていると感じさせるような「眼力」が求められる。だからこの画業には、まさに「画竜点睛」という語が似合う。そして遠くから見られるものであるからには人々に強い印象を与えねばならず、時には荒々しい筆致や、色を幾重に塗ることも辞さない。このようにして、絵看

板独自のパワフルなアートワークが生み出されてゆく。

　考えてみれば、俳優たちのイメージは壮大な流転を生きている。映画の撮影所で、スチル写真のキャメラマンによってフレームに収まった俳優たちの姿は、やがて映画業界内のグラフィックデザイナーの手によって、ポスターやプレス資料、チラシの中に効果的に配置されてゆく。そしてその紙の上の画像をモデルにして、看板絵師たちは劇場を飾る大きなカンヴァスを創り出す。

　写真に始まり、紙への印刷を経由して、絵画として終わる。つまり映画絵看板とは「製作・配給・興行」という映画ビジネスの基礎構造を垂直に貫くスター・イメージの旅路の果てなのであり、その終着地が、複製物ではない、人間の手による「一点もの」の創造であるという事実がどこまでも尊いのである。

　だが、そのひとつひとつを保存することはできないという看板の弱点も、私たちは知っておくべきだろう。看板とは、興行が終わると、上から紙を貼って新たに描くものである。そして重なった紙の厚みで看板が重くなれば、すべて剥がしてしまうよりない。そんなはかない街角の芸術だが、はかないからといって忘却されてよいことにはならない。いまやシネマコンプレックスにも慣れてしまった私たちこそ、映画と20世紀の人々をダイレクトに結びつけてきた、この力強いメディアを長く語り継ぐ使命を担っているのである。

あとがき　　　　　　　　　　　　　　　　　　　　　　　　貴田奈津子

　この本に掲載された写真は、映画看板絵師であり、不二工芸（株）の創業者で
あった貴田不二夫と、その長男で2代目の貴田明良が主に撮影し、保管していた
大量のネガフィルムをもとにしている。ネガは、不二夫の没後20年ぐらい経っ
た2017年、紙袋にガサッと詰まった状態で見つかった。その大半が6×6と呼
ばれるブローニーフィルムで、かざしても何が写っているのかよくわからない。
まったく整理されておらず、年代も場所も記されていなかった。しかし、数千の
フィルムの束を前にして、このまま何もしないとゴミになってしまうのでは、と
危機感を抱くようになった。そこで従兄弟の北直也さんにスキャン作業を開始し
てもらうことにした。

　ちょうどその頃、堺市立東文化会館館長の岸田隆夫氏と、研究家でありコレク
ターの南明弘氏と奥様の晃代さんから「『昭和の大阪』（アーカイブス社刊）に掲
載されている明良氏が撮影した写真を拝見しました」とご連絡をいただいた。用
件は、数点でも映画看板の写真があれば見せてほしい、ということだったが、お
会いしたとき、大量のネガを前に、このようなものが存在したのかと驚愕された
のである。そして、大いに勇気づけられた私の希望もあって、チームで本格的に
アーカイブ化を目指すことになった。幸いにも、大阪アーツカウンシルの審査で
認められて大阪市の助成を得られ、とても助かった。なによりも、消えてしまっ
た映画看板の仕事が、保存に値する大阪市の文化のひとつだと認めていただけた
ことが嬉しく、背中を押された気分で作業を進めることができたのだ。荒金慶次
郎の曽孫同士という繋がりで、津村長利さんや松原好秀さんからも多くのご協力
をいただいた。

　書籍化にあたっては、監修を快く引き受けてくださり、貴重なアドバイスをい
ただいた国立映画アーカイブの岡田秀則氏と、企画に興味を持ってくださり大阪
まで取材にも来てくださった編集の浅見英治さんには、感謝の気持ちしかない。
ネガが見つかった頃から励ましていただいた葛西薫氏と中本陽子さんによって、
美しい佇まいの本にしていただけたことも、最高の幸せである。そして都築響一

氏からは詩的な名文を頂いた。今回、昭和20年代から活躍されていた元絵師の方々から直接話をうかがうことができて、本当に良かった。失敬ながら「間に合った！」というのが正直な気持ちだ。驚くほどの記憶力で、辛かったこと、楽しかったこと、技法の細部まで教えていただいた。笑いの絶えない座談会を重ね、何も知らない私に辛抱強く対応してくださった。彼らが若かった頃の写真を見ながら話をうかがっていると、掛け合いが面白くて、現在の御年齢をフッと忘れてしまうほどだった。巨大なキャンバスやベニヤ板を前に格闘した青春時代。まだまだお話をうかがいたい。どうか皆さん元気にお過ごしくださいますように。

本書掲載写真の多くを撮影した貴田不二夫氏のセルフポートレート

本書掲載映画　索引

本書掲載の絵看板制作に携わった方々（敬称略・五十音順）

伊藤晴康　榎田吉隆　大河内明良　越智征一　勝部寿夫　岸本吉弘　貴田明良　貴田不二夫

木村重介　薦田義則　小森昭　竹田耕作　出口貞三　寺島照治　中筋耕作　中筋尚一

古田一之　松原成光　亘繁

＊下のお名前が不明な方々

小川さん兄弟　頭師さん　橘さん　田中さん　徳重さん　中島さん　松井さん　横山さん

ご協力いただいた方々（敬称略・五十音順）

赤井宏　石川肇（国際日本文化研究センター）　井上智博（バルバラ）　太田梨沙子（神戸大学）

小野晃蔵　河合重之（元スバル座宣伝部）　竹田章作　津村茂　津村長利　出口和子

樋口泰人　松原てる子　松原好秀　松本進也（松本興業株式会社）

安井裕二郎（ジャパンアーカイブズ）　山口記弘（東映太秦映画村）　吉田宏子

「大阪市の映画絵看板と映画館文化のアーカイブ事業」メンバー

岸田隆夫　南明弘　南晃代　北直也　酒井将治　酒井友美子　貴田明良　貴田光子

貴田奈津子　＊アーカイブ化については、大阪市芸術活動振興事業助成金を得ています。

執筆　　　岡田秀則（p110–121, p128–165, p328–343）

　　　　　田中晋平（p12–43, p60–75, p80–107, p216–219）

　　　　　月永理絵（p126–127, p255, p258–260, p262–263, p274, p277–278, p280,
　　　　　　　　　　p282–288, p290, p292–293, p297–298, p300–318, p320–321）

　　　　　のむみち（p177, p180, p212, p215, p227, p229, p248–251, p253, p255–257,
　　　　　　　　　　p261, p276, p285）

　　　　　馬場祐輔（p174, p176, p178–179, p181–187, p194, p196–211, p213–215,
　　　　　　　　　　p220–226, p228–237, p246, p252, p254–255）

　　　　　南明弘／南晃代（p188–193, p294–295, p324–326）

　　　　　貴田奈津子（p44–59, p76–79, p108, p122–123, p166–172, p238–245,
　　　　　　　　　　　p264–272, p322–323）

ブックデザイン　　　　中本陽子

アートディレクション　葛西薫

イラストレーション　　下浜臨太郎

DTP　　　　　　　　　水谷イタル

写真選定協力　　　　　南明弘／南晃代

デジタル資料制作　　　北直也

イラスト地図制作　　　小宮萌（Two Virgins）

営業　　　　　　　　　住友千之（Two Virgins）

編集　　　　　　　　　浅見英治（Two Virgins）

岡田秀則（Hidenori Okada）

東京大学教養学部卒業。国立映画アーカイブ主任研究員。映画のフィルム／関連マテリアルの収集・保存や、上映企画の運営などに携わり、映画展覧会のキュレーションも担当。国内外の映画史を踏まえたさまざまな論考を発表している。著書に『映画という《物体X》』（立東舎）がある。

貴田奈津子（Natsuko Kida）

主に日仏間でアーティストのエージェント業務に携わり、広告や出版の仕事が多い。訳書に『フィリップ・ワイズベッカーの郷土玩具十二支めぐり』（青幻舎）、著書に『絵本のつくりかた〈2〉──フランスのアーティスト10名が語る創作のすべて』（美術出版社）などがある。

昭和の映画絵看板　　看板絵師たちのアートワーク

2021年6月30日　第1刷　発行
2021年8月30日　第2刷　発行

監修　　岡田秀則

企画　　貴田奈津子

発行者　内野峰樹

発行所　株式会社トゥーヴァージンズ
　　　　〒102-0073 東京都千代田区九段北4-1-3
　　　　電話（03）5212-7442　FAX（03）5212-7889
　　　　https://www.twovirgins.jp/

印刷所　株式会社シナノ

ISBN 978-4-908406-62-1
© Akira Kida, Natsuko Kida　2021 Printed in Japan